Franklin Pierce

프랭클린 피어스

국민을 불행하게 만든
대통령들 10인 시리즈
프랭클린 피어스

Contents

들어가며

국민들은 후보자들 중 누가 사적인 욕심을 채우지 않고 주어진 문제를 잘 해결할 수 있는가에 집중하여 대통령을 선택합니다. 한 번도 소송을 심리해 본 적이 없는 변호사를 고용한다거나 경험이 없는 외과의사에게 자신의 몸을 맡기지 않는 것과 마찬가지로 경험과 능력이 부족한 사람을 대통령으로 선택하지 않습니다.

따라서 국민들은 자신이 선택한 대통령이 국가와 사회를 위해 대두되어 있는 현안문제를 잘 해결하고 미래발전을 위해 무한한 노력을 할 것이라 생각합니다.

하지만 종종 국민들은 부지불식간에 경험도 부족하고 능력도 부족한 사람을 대통령으로 선택합니다. 문제는 국민들이 대통령을 선택할 시점에는 그가 어느 정도로 능력이 부족한지를 잘 모른다는 사실입니다. 그럼에도 대부분의 국민은 자신이 선택한 대통령은 경험 있는 노련한 변호사이자 능력 있는 미다스의 손을 가진 외과의사라

여깁니다. 그래서 대통령을 선택하는 순간 어느 정도의 행복을 느끼고 무조건의 지지와 찬사를 보내는 것입니다. 하지만 예감은 행복만큼이나 모호한 것입니다. 시간이 지나고 그것이 역사가 되어 돌아올 때 국민들은 비로소 그 예감이 잘못되었다는 것을 확인하곤 합니다. 때로는 저주하다시피 후회하며 자신의 잘못된 선택으로부터 벗어나려 합니다. 많은 사람들은 '저에게는 다음 칸이 있습니다'라고 외치는 지하철의 용기 있는 외판원처럼 '나에게는 다음 선거가 있습니다'라고 자위하지만… 글쎄요? 다음 선거 때는 정말 후회하지 않을 투표를 할 수 있을까요?

역사적인 관점으로 미국 대통령의 리더십을 공부한 저는 다음과 같은 질문을 하고 싶습니다. 국민들의 선택이 잘못인가요? 아니면 선택된 대통령의 잘못인가요? 대통령의 리더십을 공부하는 입장에서 저는 단연코 후자에게 책임을 물리고 싶습니다. 왜냐하면 민주주의 국가에서 국민들의 선택이 잘못될 수 있는 조건이 너무나 많기 때문입니다. '누가 이 나라를 가장 잘 이끌어 가면서 국민들을 행복하게 만들어 줄 것인가?' 누군가를 선택하는 것은 국민의 몫이지만 그 선택을 흐리게 하는 요인들이 너무나 많이 상존하고 있는 것이 현실입니다. 학연, 지연, 혈연, 이념 등으로 대표되는 연고주의 진영논리가 그것입니다. 또한 이데올로기갈등, 세대갈등도 중요한 요소입니다. 정의냐, 경제냐, 도덕이냐 등의 시대정신을 둘러싼 갈등도 있습니다. 민주국가의 선거제도가 때로는 최선의 선택이 아니라 차악次惡을 선택할 수밖에 없도록 만드는 경우도 있습니다. 그러나 이러한 조건들은 올바른 선택을 하는 데도 작용하며 국민을 행복하게 만드는 대통령을 선택할 시기에도 완전히 소멸되지 않고 있는 경우가 있습니다. 성공한 대통령을 선택한 시점에도 국민들의 선택을 흐리게 하는 요인들은 존재했다는 말입니다.

국민을 행복하게 만든 미국 대통령들 중 국민적 합의에 의해 선출된 조지 워싱턴을 제외한 나머지 4명이 대통령으로 선택될 당시에도 연고주의, 이데올로기, 세대갈등, 시대정신 등이 작용했습니다. 링컨은 남부지역 주에서 단 한 곳의 지지도 받지 못했습니다. 프랭클린 루스벨트는 '뉴딜'이라는 새로운 시대정신을 바탕으로 대통령에 당선되었습니다. 케네디 역시 '뉴프론티어'라는 새로운 시대정신이 당선의 근간이 되었습니다. 레이건은 보수주의의 이데올로기를 바탕으로 대통령에 당선되었습니다.[1]

문제는 당선 이후의 삶은 국민들의 선택이 아니라는 점

---

[1] 김형곤, 『국민을 행복하게 만든 대통령들』 (서울 : 한울, 2021. 09 근간)

입니다. 우리가 야구를 할 때 3할 대 타자라면 최고의 타자라고 합니다. 말하자면 10번 날아오는 공을 단지 3번 쳐내는 것입니다. 국민들의 선택은 어떤 이유였든지간에 올바른 선택이 될 수도 있고 올바르지 않은 선택이 될 수도 있습니다. 그러므로 국민을 행복하게 만들거나 불행하게 만드는 것은 국민의 선택에 달려 있는 것이 아니라 대통령으로 선택된 그 사람의 리더십에 달려 있는 것입니다.

조직의 직제상 이른바 '통령'이라는 직책이 있습니다. 통령은 그야말로 한 지역, 한 조직, 한 정치이념, 한 진영 등을 대표하는 사람을 말합니다. 하지만 '대통령'은 한 지역이나 한 조직, 한 정치이념이 아니라 국가 전체를 대표하는 사람입니다. 그래서 '대통령'인 것입니다. 비록 한 지역과 한 조직에 의해 대통령에 당선되었더라도 일단 대통령이 되고 나면 그를 반대하거나 지지하지 않는 사람 역시 그 대통령과 함께 해야 할 식구인 것입니다. 그러기 위해 대통령은 국민과 더불어 성취해야 할 목표를 위해 배우고, 교육하고, 상호 신뢰하고, 협조하며, 솔선수범하고, 혁신해 가야만 합니다. 이런 대통령은 국민을 행복하게 만들어 줍니다. 한 국가를 대표하는 대통령은 너무나 당연하게도 이러한 가치들을 두루 겸비해야 합니다.

시간이 지나고 많은 것들이 역사가 된 현시점에서 보면

국민을 행복하게 만든 대통령이 있는 반면에 국민을 불행하게 만든 대통령도 있습니다. 이 책은 거의 모든 평가에서 최악의 평을 받고 있는 대통령에 대한 이야기가 중심이 될 것입니다.

2009년은 링컨 탄생 100주년이었습니다. 더불어 한국에서 미국 역사를 공부하는 사람들의 모임인 '한국미국사학회' 창립 20주년이었습니다. 이를 기념하여 학회는 미국 대통령 중 '성공한 대통령 10인'을 선정하여 기념총서를 출간한 바가 있습니다. 각 대통령에 대한 전문 집필진을 구성하였으며 필자는 당시 이 일을 진행하는 총괄편집자로서 적지 않은 보람을 느꼈습니다.

그로부터 약 10여 년이 지났으나 필자에게는 언젠가 해보고 싶은 일이 하나 더 있었습니다. '실패한 대통령 10인'을 골라 그들이 누구이며 왜 그러한 평가를 받는가를 구체적으로 살펴보는 것입니다. 역사의 기능에서 가장 중요한 '포폄褒貶'의 역할을 할 수 있으리라 생각했기 때문입니다. 나아가 우리나라에도 실패한 대통령을 닮지 않은 성공한 대통령이 나오게 하는 데 작은 씨앗이 될 수 있으리라 굳게 믿기 때문입니다.

언제나 그렇듯 출판의 세계는 어려움이 많습니다. 더더욱 SNS가 활성화되고 있는 현실에서 종이출판의 세계는 생명이 다해 가는 느낌입니다. 그럼에도 불구하고 선뜻 부족한 원고를 책으로 만들어 주신 한올출판사에 깊은 감사를 드립니다.

2021년 봄날을 보내면서

주 의회 의원 시절

군인 시절

대통령 시절

은퇴 후

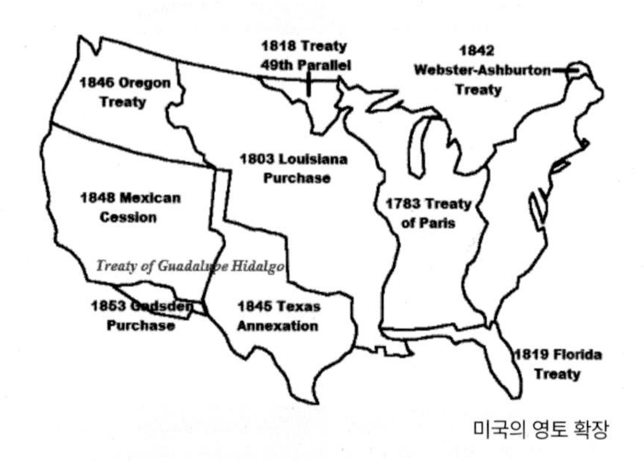

미국의 영토 확장

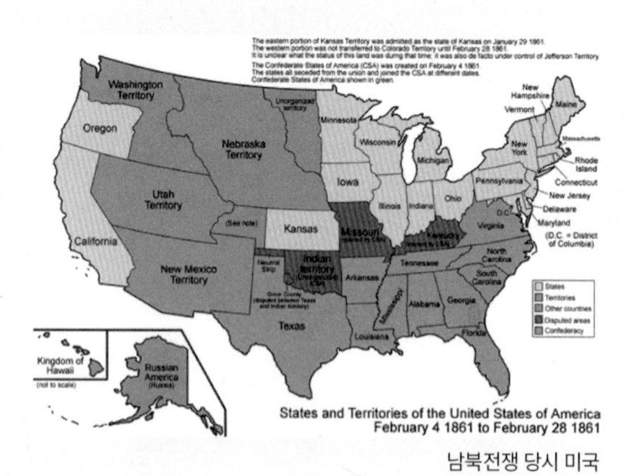

남북전쟁 당시 미국

국민을 불행하게 만든
대통령들 10인 시리즈
프랭클린 피어스

01

'프랭클린 피어스'는 누구인가?

대통령 취임식

아직 차가운 바람이 가시지 않은 1853년 3월 4일 오후에 프랭클린 피어스는 수도 워싱턴 디시의 의회 의사당 현관 밖에 섰습니다. 때는 3월이었지만 진눈깨비를 동반한 세찬 바람이 피어스의 곱슬머리를 더욱 흩트려 놓았습니다. 진눈깨비는 곧 큰 눈으로 바뀌어 워싱턴 하늘을 뒤덮었습니다. 당시 대법원장 이었던 로저 태니Roger Taney 앞에 선 피어스는 자신이 공부한 법률 서적 위에 손을 올려놓고 미국 제14대 대통령이 될 것을 선서했습니다. 피어스는 미국 대통령에 취임하면서 성경에 손을 올려놓지 않은 유일한 대통령이라는 독특한 기록을 가지고 있습니다.

피어스는 단상 앞으로 나왔습니다. 그리고는 미리 준비해 온 쪽지 하나 없이 강한 목소리로 연설하기 시작했습니다. 피어스의 연설을 들은 사람들은 그의 목소리가 마치 트럼펫 소리와 같다고 말했습니다. 하지만 연설을 하고 있는 피어스의 모습은 워싱턴 날씨만큼이나 우울해 보였습니다. 피어스는 다음과 같이 취임연설을 시작했습니다.

국민 여러분,

그러지 않았으면 하는 마음이 있지만 저 자신이 혼자에 적합하기보다 다른 사람들에게 아주 적합한 위치에 태어났다는, 개인적 후회와 쓰라린 슬픔을 알 수 있는 것은 작은 위로입니다. 저는 제가 이 나라의 운명을 관장할 수 있는 한정된 기간 동안 부름을 받아야 하는 여러 어려운 환경에 있다는 것을 알고 있습니다. 그러한 환경들이 저로 하여금 심오한 책임감을 느끼게 하고 있습니다. 하지만 두려움이 줄어든 것은 아닙니다. … 국민 여러분은 약점이 있는 저를 소환했습니다. 여러분의 힘으로 저를 지지해 주셔야만 합니다.[1]

사실 프랭클린 피어스보다 슬픈 환경에서 취임한 대통령은 없었습니다. 취임식이 있기 약 두 달 전인 1월 6일 대통령 당선자 피어스와 아내 제인Jane, 그리고 그들 사이에서 태어난 자녀들 중 유일하게 생존하여 11살이 된 벤저민Benjamin은 제인이 너무나 좋아했던 삼촌 아모스 로렌스Amos Lawrence가 뇌졸중으로 사망하여 보스턴에서 치러진

1 Inaugural Address of Franklin Pierce(March 4, 1853).

베니와 제인

장례식에 참여했다가 열차를 타고 뉴햄프셔주 콩코드의 집으로 돌아오고 있었습니다. 부모는 물론 많은 사람들에게 '베니Benny'라 불렸던 벤저민은 피어스 부부의 자부심이자 기쁨이었습니다.

그런데 갑자기 열차가 철로를 벗어나 나뒹굴었습니다. 피어스 가족이 타 있던 객실 역시 철로 밖으로 뒤집히며 승객 모두를 내동댕이쳤습니다. 대부분의 승객이 크고 작은 상처를 입었지만 어린 벤저민 피어스는 그 자리에서 즉사했습니다.

유일하게 남아 있던 아들의 죽음으로 새로운 대통령 당선자와 퍼스트레이디는 절망했습니다. 피어스 부부의 첫째 아이 프랭클린 피어스 주니어는 유아기 때 죽었고, 둘째 아이 프랭크 로버트 피어스Frank Robert Pierce는 4살 때 죽었습니다. 피어스 부부는 셋째 아들 벤저민 피어스에게 온갖 정성을 쏟았으나 열차사고로 인해 유일한 생존자였던 벤저민마저 잃었습니다. 제인은 이 재앙이 남편 피어스가 대통령에 출마하지 않았어야만 했다는 하나님의 경고라고 믿었습니다. 두 달 후 그녀는 남편의 대통령 취임식에 참석하지 않았습니다. 그녀는 호텔에서 지내면서 죽은 아들에게 사과편지를 썼습니다. 이후 그녀는 퍼스트레이디로 있었던 내내 가까운 친척 아주머니인 아비게일 민즈Abigale Means의 도움을 받으면서 은둔생활을 했고 공식석상에 나오지 않았습니다. 대통령 취임식에 관례적으로 이루어지는 무도회와 파티도 피어스 부부의 슬픔을 존중하여 열리지 않았습니다.

피어스는 슬픔 어린 재앙으로 의욕을 잃은 가운데 자신의 모든 힘을 쏟아 부어야만 하는 대통령직을 시작했습니다. 피어스는 분열되어 가는 민주당에서 능력과 업적이 아닌 잘생긴 외모와 고분고분한 태도로 인하여 대통령 후보로 지명받았습니다. 피어스는 178센티미터의 후리후리한 키, 매부리코, 회색 눈, 엷은 입술, 소년다운 턱, 그리고 매력적인 검은 곱슬머리를 가진 잘생긴 외모를 가졌습니다.[2] 피어스의 호감이 가는 외모는 물론 한 번 만난 사람들의 이름을 기억하는 참으로 놀라운 능력은 그가 대통령이 되는 데 큰 역할을 했습니다. 피어스를 비판했던 사람들도 그의 유순하고 다른 사람과 잘 어울리는 성격으로 인하여 개인적으로는 그를 좋아했습니다. 하지만 그럼에도 그들은 피어스가 정치적으로 매우 가벼운 사람이라고 보았습니다. 그는 뉴햄프셔주 의회 의원, 연방 하원의원, 연방 상원의원, 그리고 멕시코전쟁을 치른 장군이라는 경력을 가지고 있었지만 그가 성취한 이렇다 할 업적은 거의 없었습니다. 동시대를 살았던 시인이자 사상가인 랄프 왈도 에머슨Ralph Waldo Emerson은 피어스를 '멍청이nincompoop'라 말했고 뉴욕의 한 신문기자는 '사실 새 대통령은 어떤 노력 없이도 기억될 수 있는 공적인 생활에서 아무런 노력도 하지 않은 사람'이라고 썼습니다.[3]

그런데 하필이면 피어스는 미국 역사상 해결할 수 없는 가장 어려운 문제가 산적되어 있는 시기에 대통령이 되었

---

2 미국 역대 대통령의 저서를 서술한 윌리엄 디그레고리오(William A. DeGregorio)는 프랭클린 피어스를 두고 "역대 미국 대통령 중에서 가장 잘생긴 외모를 가졌다"고 말했습니다. William A. DeGregorio, *The Complete Book of U.S. Presidents*(New York: Gramercy Books, 2001), 197.

3 John DiConsiglio, *Franklin Pierce*(New York: Chlidren's Press, 2004), 10 재인용.

습니다. 겉으로 보기에 미국은 산업혁명이 시작되어 성장 일로에 있었고 멕시코전쟁을 승리로 이끌어 진정한 대륙 국가의 면모를 갖춘 활기 넘치는 국가로 보였지만 내부적으로는 노예제도를 둘러싼 지역 간의 갈등 증가로 심하게 분리되고 있었습니다. 노예제도 폐지론자abolitionist라 불리는 북부의 극단주의자들은 미국 내 모든 노예제도가 즉시 끝나기를 원했습니다. 반면에 남부의 극단주의자들은 노예제도가 반드시 인정되고 보호되어야 한다고 주장했을 뿐만 아니라 멕시코와의 전쟁으로 얻게 된 새로운 서부 준주지역에서도 노예제도가 인정되어야 한다고 주장했습니다. 전쟁이 끝난지 3년이 채 되지 않은 시기에 통과된 이른바 '1850년 타협Compromise of 1850'은 노예제도를 둘러싼 양측의 혹독한 대립을 줄이는 의도로 채결되었지만 오히려 갈등과 대립을 더욱 증폭시켰습니다. 말하자면 당시는 대통령직을 수행하기에 결코 쉬운 시절이 아니었습니다. 피어스의 대학 동기이자 오랜 친구이고 미국에서 가장 유명한 작가 중 한 사람인 내서니엘 호손Nathaniel Hawthorne은 당시 미국 상공에 뭉쳐 있는 먹구름을 볼 수 있었습니다. 피어스가 대통령 후보로 지명되었다는 소리를 들었을 때 호손은 피어스에게 다음과 같은 편지를 썼습니다.

프랭크, 진심으로 생각하건대 난 네가 정말 불쌍하다.[4]

당시 미국은 갈등과 대립으로 분열되어 가는 국가를 다시 통합시킬 수 있는 보다 강력한 리더가 필요했습니다. 그런데 과연 프랭클린 피어스가 그런 리더가 될 수 있었을까요? 피어스는 미국 대통령이 되었지만 미국 국민을 대표하는 대통령이 아니라 민주당과 남부만을 대표하는 대통령이 되었습니다. 그것은 공화당과 북부를 멀어지게 만들었고 종국에는 남과 북이 갈라지는 시민전쟁인 남북전쟁이 일어나도록 했습니다.

뉴햄프셔주 태생

프랭클린 피어스는 1804년 11월 23일 산간에 화강암이 많은 지역인 북부 뉴햄프셔주의 힐스보로의 콘투쿡

---

4 DiConsiglio, *Franklin Pierce*, 11 재인용.

강변에 있는 통나무집에서 태어났습니다. 그의 아버지 벤저민 피어스Benjamin Pierce는 이웃 매사추세츠주 첼름스퍼드 출신으로 그곳에서 성장했습니다. 아메리카 식민지가 영국으로부터 독립전쟁을 시작하던 해인 1775년에 벤저민은 17살로 삼촌 소유의 농장에서 농사를 짓고 있었습니다. 그때 그는 아메리카 식민지 애국자들이 매사추세츠에 있는 상업도시 렉싱턴과 콩코드에서 영국군을 상대로 싸우고 있다는 소리를 들었습니다. 벤저민 피어스는 들판에 쟁기를 내팽개치고 삼촌의 머스킷총을 빌려 서둘러 독립군에 가담했습니다. 미국혁명혹은 미국 독립전쟁 최초의 전투였습니다. 그는 독립전쟁의 주요 전투인 브리드힐전투, 티콘드로가전투를 포함한 여러 전투에서 싸웠으며 무엇보다 독립전쟁 최대의 위기상황이었던 파지계곡에서 총사령관인 조지 워싱턴George Washington과 함께 겨울을 보냈습니다. 덕분에 워싱턴으로부터 훈장을 수여받았고 전쟁이 끝난 1784년에 소령으로 진급했습니다. 그는 독립전쟁 영웅으로 이름이 났고 그의 전쟁 이야기는 어린 프랭클린은 물론 그의 형들이 아버지의 군복무를 모방하고 싶은 욕망을 가지게 했습니다. 프랭클린의 두 형과 그의 이복누이의 남편은 1812년 전쟁에 참가했고 이들의 이야기 역시 프랭클린이 군에 대한 열망을 품게 했습니다. 전쟁이 끝나고 젊은 벤저민 피어스는 매사추세츠주 북쪽으로 인접한 지역인 뉴햄프셔 지역을 탐험하고 측량하는 일을 담당하게 되었습니다. 그 일을 하면서 벤저민은 힐스보로 근처에 좋은 땅을 보아 두었고 얼마 후 그 땅을 구입했습니다. 벤저민은 친구와 함께 땅을 개간하고 1786년에 이주를 했습니다. 전쟁 영웅이라는 평판을 받고 있었던 벤저민은 그가 뉴햄프셔주에 정착하는 데 큰 도움을 주었습니다. 이듬해인 1787년에 벤저민은 엘리자베스 앤드류스Elizabeth Andrews라는 여인과 결혼을 했습니다. 그녀는 딸 하나를 두었지만 원인 모를 질병으로 곧 사망했습니다. 1790년에 벤저민은 애나 켄드릭Anna Kendreck이라는 여인과 다시 결혼을 해서 프랭클린 피어스를 포함한 남자아이 5명과 여자아이 2명을 낳았습니다.[5] 곧 그들은 이복자매와 더불어 대가족을 이루었습니다. 프랭클린이 태어나고 나서 얼마 후에 피어스 가족은 통나무집을 벗어나 아버지 벤저민이 손수 지은 정원이 있는 넓은 집으로 이사를 했습니다. 벤저민은 뉴햄프셔주 민병대 대장, 선출직 지역

5 프랭클린의 형인 벤저민 켄드릭 피어스(Benjamin Kendrick Pierce)와 존 설리번 피어스(John Sullivan Pierce)는 1812년 전쟁의 퇴역군이었습니다. 누이로는 낸시 멕네일(Nancy McNeil)과 해리엇 제임슨(Harriet Jameson)이 있습니다. 그 후 남동생으로 찰스 피어스(Charles Pierce)와 헨리 피어스(Henry Pierce)가 태어났습니다.

보안관[6], 주지사 위원회 위원, 두 번의 주지사 등 여러 공직을 거치면서 지역의 핵심 리더가 되었습니다. 자연히 피어스의 집에는 명사들이 자주 드나들었는데 매사추세츠주 상원의원 대니얼 웹스터Daniel Webster 같은 유명인도 있었습니다. 벤저민은 정치적으로 제퍼슨Thomas Jefferson 지지자로 공화파였는데 특히 그는 연방파를 엘리트 속물근성으로 보아 몹시도 싫어했습니다. 연방파 판사의 명령을 거부한 이유로 연방파가 다수를 차지하고 있었던 주 의회가 그를 보안관직에서 추방하고 난 후부터는 연방파를 더더욱 증오했습니다.

프랭클린 피어스의 어머니 애나 켄드릭은 매우 쾌활한 성격의 소유자로 자식들에게 무한한 사랑을 쏟은 여인이었습니다. 피어스는 어머니에 대해 '친절과 깊은 애정을 가진 여인'이라고 말했습니다.[7] 엄격했던 아버지에 비해

---

6 벤저민은 여러 번에 걸쳐 선출직 지역 보안관으로 활동하면서 돈을 갚지 못해 감옥에 갇히게 된 채무자들의 석방을 위해 노력했습니다. 이 활동으로 인하여 그는 뉴햄프셔주에서 빠르게 지역 리더로 자리를 잡았습니다.

7 Roy Franklin Nichols, *Franklin Pierce: Young Hickory of the Granite Hills*(Philadelphia: University of Pennsylvania Press, 1993), 10, 그녀는 종종 우울증을 겪기도 했는데 그럴 때마다 술에 의존했습니다. 후에 프랭클린 피어스는 자주 술을 마셔 문제가 되었는데 역사가들은 이것이 어머니와 연관이 있다고 보고 있습니다. 그녀는 노년에 치매에 걸려서 고생을 하다가 프랭클린이 연방 상원의원이 되던 해인 1838년에 죽었습니다.

그녀는 젊은 시절 피어스의 야단법석인 행동을 무한하게 용서해 주었습니다.

교육

아버지 벤저민 피어스는 공식적인 교육을 거의 받지 않았습니다. 그런 만큼 그는 자신의 자식들이 좋은 교육을 받고 잘 살기를 원했습니다.[8] 하지만 다른 형제들보다 유년 시절 프랭클린 피어스는 유독 책을 가깝게 하기를 싫어했습니다. 그는 학교 교실에서 공부하는 것보다 밖에서 노는 것을 무척이나 좋아했는데 특히 친구들과 야단법석을 떨며 노는 것, 수영, 낚시, 그리고 아이스 스케이트를 즐겼습니다. 그럼에도 프랭클린은 정직하고 예의 바른 것은 물론 뛰어난 기억력과 잘생긴 외모를 소유하여 후에

8 큰형 벤저민 켄드릭 피어스는 웨스트포인트에 진학했고 둘째 형 존 설리번 피어스는 다트머스대학에 진학했습니다.

정치 분야에서 일할 수 있도록 하는 매력을 발산하고 있었던 것은 분명했습니다. 그래서 그는 또래 친구들 사이에서 언제나 골목대장이었고 나이가 들면서도 마찬가지였습니다.

아버지 벤저민은 공부하기를 싫어하는 프랭클린이 11살이 되었을 때 대학 공부 준비를 하도록 힐스보로에서 14마일23킬로미터 떨어진 곳에 있는 사립 기숙학교에 입학시켰습니다. 오래 지나지 않아 프랭클린은 향수병에 시달려 학교를 몰래 빠져나와 집으로 돌아왔습니다. 어머니는 안타까운 마음으로 프랭클린을 감쌌지만 단호한 아버지는 다음 날 프랭클린을 마차에 태워 학교로 가는 길의 절반 정도에 내리게 하고 걸어서 학교로 돌아갈 것을 명령했습니다.

그럭저럭 라틴어와 그리스어를 통과하여 대학 입학 자격이 주어진 프랭클린은 1820년 둘째 형이 다니는 다트머스대학Dartmouth College에 입학하고자 했습니다. 하지만 공화파로 연방파를 몹시도 싫어했던 벤저민은 연방파 중심의 대학인 다트머스에 프랭클린을 입학시키고 싶지 않았습니다.[9] 그 대신 그는 1794년 독립운동가이자 공화파

---

9 다트머스대학은 1769년 영국 국왕 조지 3세가 영국 귀족 다트머스 2세(Dartmouth Jr.)에게 특허장을 주어 뉴햄프셔지역 하노버에 대학을 인가하여 만들어진 대학으로 독립 후 귀족성향이 농후한 연방파 출신들의 영향력 아

의 중요한 인물이었던 새뮤얼 애덤스Samuel Adams가 대서양 연안 메인 주의 브룬스비크에 세운 보든대학Bowdoin College에 입학시키기로 했습니다. 당시 보든대학은 작은 대학이었지만 뉴잉글랜드지역의 유능한 젊은이들이 풍운의 꿈을 안고 입학하는 대학이었습니다. 사실 프랭클린 피어스의 동기와 동문들 중 전국적인 인물로 성장한 이들이 한두 명이 아니었습니다.

그들 중에는 프랭클린 피어스의 선배로 미래의 휘그당과 공화당 메인 주 연방 상원의원이 된 윌리엄 페센든William P. Fessenden, 동기로 미래에 민주당 메인 주 연방 상원의원이 된 제임스 브래드뷰리James Bradbury, 동기로 처음에는 민주당이었지만 자유토지당Free Soil Party 대통령 후보로 1852년에 출마하고 궁극적으로 공화당원이 된 뉴햄프셔주 상원의원인 존 헤일John P. Hale, 1852년 『톰 아저씨의 오두막집Uncle Tom's Cabin』을 발간하여 흑인 노예제도에 대한 격렬한 비판을 통해 남북전쟁이 발생하는 데 촉매제 역할을 한 해리엇 스토 부인의 남편으로 피어스와 같은 동기 졸업생 대표인 캘빈 스토Calvin Stowe, 그리고 프랭클린의 1년 후배로 미국에서 가장 존경받는 시인인 헨리 워즈워

래 있었습니다.

스 롱펠로우Henry Wadsworth Longfellow 등이 있었습니다. 이뿐 만 아니라 프랭클린 피어스와 평생 친구로 있으면서 그의 미래에 중요한 영향을 미친 두 명의 유명인도 프랭클린과 동기였습니다. 한 사람은 뉴햄프셔 출신의 조나단 실리Jonathan Cilley로 그가 민주당 출신 연방 하원의원이 되어 워싱턴으로 왔을 때 이미 당시 하원의원이었던 프랭클린의 워싱턴 하숙집에서 함께 지내며 가까운 술친구가 되었습니다. 1838년 2월 23일에 그는 켄터키주 휘그당 하원의원인 윌리엄 그레이브스William J. Graves와의 결투로 사망했습니다.[10] 다른 한 사람은 매사추세츠주 세일럼 출신의 내서니엘 호손인데 그는 1850년에 불후의 명작 『주홍글씨

[10] 당시 선배 하원의원이었던 프랭클린 피어스는 신참 하원의원이 되어 온 실리에게 반대당인 휘그당과 휘그당을 옹호하는 신문들에 대한 비난의 말을 자주 했습니다. 프랭클린으로부터 자극을 받은 실리는 제임스 웨브(James W. Webb)가 편집장으로 있던 친 휘그당 계열의 신문인 <뉴욕 커리어 앤드 인콰이어>(*New York Courier and Enquirer*)를 하원에서 강하게 비난했습니다. 이에 웨브는 자신의 친구이자 켄터키주 하원의원인 윌리엄 그레이브로 하여금 실리에게 권총 결투를 제안하도록 했습니다. 결투 도전을 받은 실리는 대학 동기이자 같은 방 친구이며 당시는 같은 당 정치 동료인 프랭클린에게 몇 번에 걸쳐 이것에 대해 상의를 했습니다. 프랭클린은 망설이는 실리에게 결투에 나가라고 자극을 했다는 비난을 받았지만 죽은 자는 말이 없었습니다. 이 사건이 있은 후 워싱턴은 물론 뉴햄프셔주에도 실리의 죽음에 프랭클린의 절대적인 책임이 있다는 소문이 돌았습니다. 이 때문에 프랭클린의 아내 제인(Jane)은 정치를 더욱 싫어했지만 뉴햄프셔주에서 잠재적 경쟁자가 사라진 상황에서 프랭클린은 민주당의 정치보스로 남아 있었습니다. Michael F. Holt, *Franklin Pierce*(New York: Times Books, 2010), 21 재정리.

호손

Scarlet Letter』를 출판하여 미국에서 가장 유명한 소설가 중에 한 사람이 되었습니다. 또한 그는 1852년 프랭클린 피어스의 대통령 선거를 앞두고 그에 관한 전기를 출판하여 선거운동에 큰 기여를 했습니다. 피어스가 매우 사교적이고 외적인 성향을 가진 데 비해 호손은 수줍음이 많고 책을 좋아하는 내성적인 성향을 가졌는데도 두 사람의 친밀한 관계가 평생 이어진 것은 상당히 이례적이라 할 수 있습니다.[11]

---

11 매사추세츠주 세일럼 태생의 내서니엘 호손은 뉴잉글랜드지역의 명사 집안 출신이었습니다. 그의 조상 중에 한 사람은 유명한 세일럼의 마녀사냥 사건

대학생활 2년 동안 피어스는 공부보다 노는 일에 더 많은 시간을 보냈습니다. 피어스는 당시 교육 방법의 특징인 암송하는 것을 너무나 싫어했지만 이상하게도 다른 사람의 얼굴과 이름을 기억하는 것은 타의 추종을 불허했습니다. 이미 언급했듯이 다른 사람에 대한 특별한 기억 능력은 훗날 그가 정치가로 활동을 하는 데 많은 도움을 주었습니다. 피어스는 친구들과 어울려 유년 시절과 같이 숲속을 걸어 다니고 수영하고 낚시를 즐겼습니다. 밤만 되면 친구들과 기숙사의 가구를 밀치는 일종의 레슬링을 즐겼으며 자주 기숙사를 빠져나와 근처 브라운스비크여

을 담당한 판사였습니다. 호손의 할아버지는 독립전쟁 중에 바다에서 용감하게 싸운 함장 이었습니다. 그의 아버지는 중국, 인도, 러시아 등을 항해한 유명한 상인으로 나중에 대령까지 진급했습니다. 보든대학을 졸업 한 후 호손은 한편으로는 작가생활을 했고 다른 한편으로는 정부에서 공직을 담당했습니다. 프랭클린 피어스와 다른 친구들이 호손이 정부 공직을 맡을 수 있도록 도와주었습니다. 작가생활을 하며 호손은 영국문학으로부터 독립된 미국 고유의 문학세계를 구축했습니다. 그는 1850년에 당시 미국에서 가장 유명한 소설 중 하나인 『주홍글씨』를 출간했습니다. 이 소설은 1600년대에 종교적인 성향이 강한 뉴잉글랜드지역에 살고 있는 홀어머니인 헤스터 프린(Hester Prynne)에 대한 이야기인데 그녀는 태어난 아이의 아버지가 누구인지 밝히기를 거부했는데 그 처벌로 사람들에게 자신의 범죄를 알리는 표시인 주홍글씨 'A'(간통(adultery))를 쓴 옷을 강제로 입고 다녀야만 했습니다. 1852년에 호손은 친구 피어스가 민주당 대통령 후보로 출마했을 때 선거운동을 돕기 위해 그에 관한 간단한 전기를 출간했습니다. 대통령에 당선된 피어스는 호손을 영국 리버풀 주재 미국 영사로 임명했습니다. 호손은 남북전쟁이 아직 끝나지 않은 시기인 1864년 친구 피어스와 함께 뉴햄프셔주 화이트산을 여행하는 동안 사망했습니다.

관에서 진탕 마시고 여자들과 어울리는 시간을 보냈습니다. 피어스는 2학년이 끝나 갈 때 점수가 낙제되고 자신이 학급에서 꼴찌라는 것을 알았을 때 몹시도 당황했습니다. 이것이 자신을 돌아보는 계기가 되어 프랭클린 피어스는 평상시의 습관을 바꾸어 잃어버린 시간을 보상하기로 마음먹었습니다. 특히 메인 주 출신의 독실한 감리교 신도로 동기인 지너스 콜드웰Zenas Caldwell의 가르침으로 피어스는 더이상 다른 친구들의 글을 복제하지 않고 스스로 준비했으며 새벽 4시에 일어나 책과 씨름했습니다. 그 결과 그는 전체 14명 동기 중 5등으로 졸업을 할 수 있었습니다. 이 뿐만 아니라 1824년 8월 졸업식에서 피어스는 7분짜리 라틴어 연설을 할 수 있는 명예를 얻었는데 이것이 계기가 되어 자신이 대중연설에 재능이 있다는 것을 발견했습니다. 그는 강하고 또렷한 목소리를 소유하여 연설자나 토론자로서 재능이 있었습니다.

정치 데뷔

프랭클린 피어스가 보든대학을 졸업한 1824년은 대통령 선거가 있는 해였습니다. 상급생으로서 피어스는 클럽을 조직하여 보든대학 사관후보생 군사훈련에 참가했습니다. 당시 대부분의 대학에서는 이러한 훈련 프로그램 중에 대통령으로 누구를 지지할 것인가를 놓고 열띤 토론을 하는 경우가 허다했습니다. 한 클럽은 비록 민주-공화파Democratic-Republican이지만 연방파Federalist의 잔재가 남아 귀족적인 존 퀸시 애덤스John Quincy Adams를 지지했는데 피어스가 주도한 클럽은 앤드류 잭슨Andrew Jackson을 절대적으로 지지했습니다.[12] 대통령이 된 애덤스에 의해 국

---

[12] 1800년 선거를 통해 대통령에 민주 - 공화파인 제퍼슨(Jefferson)이 당선된 이후 역시 민주 - 공화파인 메디슨(Medison)가 먼로(Monroe) 대통령을 거치는 동안에 연방파(Federalist) - 는 사실상 그 세력을 상실해 갔습니다. 1824년 선거에는 모두 민주 - 공화파 후보 - 국무장관 출신의 존 퀸시 애덤스, 연방 하원의장인 헨리 클레이(Henry Clay), 테네시주 연방 상원의원인 앤드류 잭슨, 재무장관인 윌리엄 크레포드(William Crawford) - 가 출마했습니다. 선거 결과 선거인단 투표에서 애덤스가 88표, 잭슨이 99표, 클레이가 37표, 크레포드가 41표를 얻었습니다. 물론 일반투표에서도 잭슨이 41.4%를 얻어 애덤스의 30.9%보다 많이 얻었습니다. 그러

무장관이 된 클레이는 그 후 민주-공화파와 다른 정치노선인 국민-공화파National-Republican의 노선을 형성했습니다. 1828년 선거에서 앤드류 잭슨은 민주당을 형성하여 대통령에 당선되었고 이에 대한 대응으로 국민-공화파는 휘그당으로 발전했습니다. 이러한 과정에서 아버지 벤저민은 물론 아들 프랭클린은 절대적으로 민주당을 지지했습니다.

졸업 후 피어스는 힐스보로의 집으로 돌아왔는데 아버지의 권유로 법학을 공부하기로 마음먹었습니다. 당시는 변호사가 되고자 하는 사람은 변호사사무실의 직원으로 있으면서 짬짬이 법학을 공부하여 변호사시험을 보아야만 했습니다. 피어스는 1825년 봄에 뉴햄프셔주의 포츠머스에 있는 리바이 우드베리Levi Woodbury 사무실에서 공부를 시작했습니다. 얼마 후 우드베리가 연방 상원의원이 되어 사무실을 비우자 피어스는 매사추세츠주의 노스햄턴에 있는 다른 변호사 사무실과 궁극적으로는 뉴햄프셔의

나 헌법 수정조항 12조에 따라 선거인단 투표에서 과반수 이상을 획득한 후보가 없었기 때문에 대통령 당선의 결정권은 연방 하원에게로 넘어 갔습니다. 애덤스는 클레이와 결탁(논란의 여지가 많은 부분입니다)을 통해 그의 지지를 확보하여 대통령으로 확정되었습니다. 대통령에 당선된 애덤스는 클레이를 국무장관에 임명함으로써 잭슨 지지세력에 의해 이 상황은 '부정거래(corrupt bargain)'라 비난을 받았습니다.

앰허스트에서 법학 공부를 마쳤습니다. 피어스는 1827년 9월 23살에 힐스보로 카운티 변호사시험에 합격하여 변호사사무실을 차렸습니다.

피어스가 정치에 본격적인 관심을 가지게 된 것은 친親연방파 성향이 강한 그가 친애덤스의 요새라고 할 수 있는 포츠머스에서 지낸 몇 달 동안이었습니다. 당시 앤드류 잭슨을 지지하던 다른 사람들처럼 피어스 역시 애덤스를 백악관에 모셔다 놓은 '부정거래'에 분노했습니다. 피어스는 선거 이후 곧바로 조직된 친잭슨파민주당를 조직하는 일에 헌신한 우드베리와 콩코드지역의 신문 편집자인 아이잭 힐Isaac Hill을 크게 동정했습니다. 피어스는 친구에게 다음과 같은 편지를 썼습니다.

> 정당이 없는 공화국은 어떠한 공화국이라도 완전히 비정상적입니다. … 국민들은 '제퍼슨적인 원리Jeffersonian Principles'[13]가 자유로운 사람들을 위한 원리라는 것을 확신하고 있습니다. 나는 국민들이 그들의 확신을 포기하지 않을

---

[13] 일반적으로 중앙집권적이고, 연방 중심적이며, 귀족적인 영국의 잔재가 있고, 상공업 중심의 내용이 내포되어 있는 이른바 '해밀턴적인 원리(Hemiltonian Principles)'에 반대되는 개념으로 지방분권적이고, 주 중심적이며, 평민의 권한을 강조하고, 농업 중심의 내용이 내포되어 있는 것을 의미합니다.

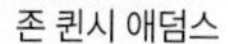

존 퀸시 애덤스

앤드류 잭슨

것이라 믿습니다.[14]

플랭클린 피어스가 힐스보로에서 변호사를 시작할 무렵 아버지 벤저민은 특별한 반대세력이 없이 1년 임기의 뉴햄프셔주지사에 당선되었습니다. 하지만 이듬해 1828년 선거에서 프랭클린은 아버지의 재선을 위해 최선을 다했지만 뉴햄프셔주 친애덤스 세력들이 아버지의 재선을 막았습니다. 뒤이어 있은 대통령 선거에서 벤저민과 프랭클린은 지난 대선에서 애덤스에게 패배한 앤드류 잭슨의

---

[14] Holt, *Franklin Pierce*, 9 재인용.

당선을 위해 온 힘을 쏟아부었습니다. 피어스 부자는 뉴햄프셔주에서 열린 잭슨의 뉴올리언스 전투 승리를 기념하는 행사에서 친잭슨파를 조직하여 잭슨의 대통령 당선을 위해 노력했습니다. 잭슨은 1828년 선거에서 대통령에 당선되었고 4년 후 1832년 선거에서 재선에 당선되었습니다.[15]

1829년 잭슨이 대통령에 취임하기 한 달 전에 프랭클린 피어스는 그해 힐스보로 타운미팅에 참가하여 공식적으로 정치에 데뷔했습니다. 당시 뉴햄프셔주 타운미팅은 단순히 지역 현안문제를 토론하는 것 이상의 일을 처리했습니다. 그들은 역시 매년 주 공무원은 물론 주 의회 의원과 연방 하원의원을 투표로 선출했습니다. 뉴햄프셔주의

---

15 미국과 영국 사이에 벌어진 1812년 전쟁 동안 오랜 전투에 지친 미국의 한 부대가 미시시피주 나체즈에서 테네시주에 있는 그들의 주둔지로 행진을 하고 있었습니다. 당시 그들은 식량과 보급품이 거의 바닥이 난 상태에서 그들의 주둔지까지 갈 수 있을지 몹시도 걱정을 했습니다. 그들의 선두에서 길을 재촉한 리더는 맨발임에도 불구하고 키가 크고 회색 머리칼을 가진 한 장교였습니다. 그는 부하들을 독려했고 모두가 반드시 살아 주둔지에 도착할 수 있다고 확신을 주었습니다. 그때 한 군인이 그 장교 – 앤드류 잭슨 장군 –를 보고 외쳤습니다. “그는 강한 사람입니다. 마치 오래된 히코리나무만큼 강합니다.”

잭슨은 전쟁 동안 여러 번 자신의 강인함을 증명했습니다. 그 덕분에 얻은 ‘히코리’라는 별명은 그가 백악관을 가는 내내 따라 다녔습니다. 특히 1815년 잭슨은 뉴올리언스에 군대를 집결시켜 침범하는 영국 군대를 물리쳤습니다. 이 전투에서 영국군은 수많은 사상자를 내고 후퇴했습니다. 단번에 잭슨은 국가적 영웅이 되었습니다.

다른 지역과 마찬가지로 힐스보로 역시 친애덤스 지지세력과 친잭슨 지지세력으로 나누어져 있었습니다. 잭슨이 대통령에 취임하던 1829년에 뉴햄프셔주 타운미팅은 겨우 24살의 프랭클린 피어스를 주 의회 의원으로 선출했습니다. 피어스는 그 뒤 연이어 5번이나 당선되고 마지막 두 번은 주 의회 의장까지 하게 되었는데 이는 아마도 다시 주지사에 당선된 아버지 벤저민 피어스의 도움이 있었던 것으로 여겨집니다. 하지만 의원에 당선되고 나서 프랭클린 피어스가 연설을 뛰어나게 하는 것을 보고 다른 의원들이 놀라지 않을 수가 없었습니다. 당시 회기가 열리고

잭슨은 이전의 대통령들과 달랐습니다. 이전의 대통령들은 대부분 좋은 교육을 받았거나 부유한 농장주였습니다. 하지만 잭슨은 변경지역인 테네시주에서 명성을 쌓아 간 가난한 집안 출신이었습니다. 그는 성급한 성격으로 결투와 총싸움을 자주 했고 죽을 때까지 몸에 두 발의 총탄을 가지고 살았습니다. 그럼에도 잭슨은 전투에서 부하들을 이끄는 법과 선거에서 유권자들을 감동시키는 법을 알았습니다.

그는 이른바 '평민 대통령(people's president)'이라는 평판을 얻어 부유하고 영향력이 큰 사람들로부터 정부를 뺏어 올 것을 맹세했습니다. 1820년대까지 많은 주의 투표권은 재산을 소유하고 일정한도의 세금을 낼 수 있는 백인 남성에게만 국한되어 있었습니다. 하지만 잭슨은 모든 백인 남성 시민들에게로 투표권이 확대되기를 원했고 대통령의 권고에 따라 여러 주가 그들의 투표법을 고쳐 보다 많은 백인 남성들이 투표를 할 수 있도록 했습니다.

잭슨은 평민들의 폭넓은 지지를 받은 강력한 대통령이었습니다. 그와 그의 지지자들이 미국 민주당을 창당했고 1832년 이 기치 아래 그는 최초의 민주당 출신 대통령이 되었습니다. 벤저민과 프랭클린 피어스는 이 민주당에 가입했고 일생 동안 민주당을 위해 노력했습니다.

있을 때 주 의회 의장의 일급은 2달러 50센트였습니다. 회기는 일 년에 몇 달만 열렸기 때문에 나머지 시간에는 자신의 변호사 일을 계속했습니다.

1833년 뉴햄프셔주의 잭슨 민주당은 이전보다 훨씬 강했습니다. 주 의회 의원들은 프랭클린 피어스에게 연방 하원의원에 출마하도록 권유했습니다. 피어스는 못 이기는 척하며 출마를 했고 쉽게 당선되었습니다. 겨우 28살의 나이에 뉴햄프셔를 대표하는 연방 하원의원이 되어 워싱턴으로 진출했습니다. 제퍼슨의 원리에 매력을 가지고 시작한 피어스의 정치에 대한 관심과 동색同色인 잭슨 민주당에 대한 그의 헌신적인 일편단심은 그가 죽을 때까지 지속되었습니다.

프랭클린 피어스는 예리한 법률적 지식이나 논리적 판단은 부족했지만 변호사나 선출직 공직자로서 어느 정도 두각을 드러낼 수 있는 그만의 특별한 자산 3가지를 가지고 있었습니다. 첫째로 그는 다른 사람의 이름과 얼굴을 기억하는 천재적인 기억력을 가지고 있었습니다. 이는 변호사로서만 아니라 정치가로서도 성공을 담보하게 하는 요인 중 하나였습니다. 재판에 임할 때 그는 배심원 개개인의 이름을 잘 기억해 그들로 하여금 호감을 가지도록 했습니다. 다른 정치가들도 자신의 이름과 얼굴을 기억해 주는 피어스에게 당연히 관심을 가졌습니다. 둘째로 그는 깊고 풍부한 목소리를 가지고 있었습니다. 이것은 그가 변호 일을 하든 정치가로서 연설을 하든 여러 연설에서 굳이 마이크를 사용하지 않아도 다른 사람들이 그의 목소리를 똑똑하게 들을 수 있도록 하는 자산이었습니다. 셋째로 무엇보다 중요한 것으로 잘생긴 외모와 유순한 성격을 가진 그는 다른 사람들에게 인간적인 매력을 발산했습니다. 이는 딱딱하고 논리적인 변호사로서의 일에서나 어떤 기준을 강하게 관철시켜야만 하는 정치세계에서 큰 장점으로 작용했습니다.

02

정치, 결혼, 전쟁

첫 워싱턴 정치

연방 하원의원 당선과 제23차 의회가 열리는 중간 시기에 피어스는 그와 아버지의 영웅으로 대통령에 당선된 앤드류 잭슨과 부통령에 당선된 마틴 밴 뷰런Martin Van Buren을 직접 만나는 짜릿함을 맛보았습니다. 이때 대통령 일행은 뉴잉글랜드지역의 여행을 위해 뉴햄프셔주 콩코드에 왔던 것입니다. 이때의 경험은 피어스를 확고한 민주당 지지자로 살도록 만들어 주었습니다.

마틴 밴 뷰런

초선 하원의원 피어스는 자신의 이름이 워싱턴 정가政街에서 부각되기를 간절히 바랐습니다. 피어스는 비록 나이가 어리고 초선에 불과했지만 뉴햄프셔주의 인기 있는 주지사의 아들이었으며 독특한 자산뛰어난 기억력, 풍부한 목소리, 잘생긴 외모을 가지고 있어 워싱턴에 가자마자 여러 친구들을 사귈 수가 있었습니다.

당시 워싱턴 디시는 뉴햄프셔주에 있는 그 어떤 대도시보다 큰 도시였습니다. 하지만 워싱턴[16]에 처음 와 본 피어스는 크기에 비해 도시 공간이 너무나 텅 비어 있는 것에 적잖이 놀랐습니다. 이 도시는 1799년에 버지니아와

---

16 독립할 당시 미국의 수도는 뉴욕이었고 그 다음은 필라델피아였습니다. 얼마 후 신생 독립국의 수도를 다시 건설하는 문제가 제기되었습니다. 워싱턴 행정부에서 뉴욕주 출신의 해밀턴과 버지니아주 출신의 제퍼슨은 서로 연방파와 공화파를 형성하여 심한 경쟁을 했습니다. 해밀턴은 연방 중심으로 국가비전을 펼쳐나가고자 했다면 제퍼슨은 주 중심 혹은 지방 중심으로 국가비전을 펼쳐나가고자 했습니다. 워싱턴 행정부의 최대 난제는 국가가 경제적으로 독립을 하는 것이었는데 재무장관 해밀턴이 연방 중심으로 경제정책을 실시하자 제퍼슨이 이를 강하게 반대했습니다. 이에 두 사람은 수도 건설에 관한 문제를 두고 극적인 타협을 이루었습니다. 북부 출신의 해밀턴이 수도를 남부 어느 곳에 건설하기로 합의한 반면 제퍼슨은 해밀턴의 경제정책을 인정하기로 했습니다. 이에 수도를 버지니아로, 그 이름은 국가적 영웅인 워싱턴의 이름을 본 따 '워싱턴'으로 하기로 하고 구체적인 장소는 대통령인 워싱턴이 결정하기로 합의를 보았습니다. 워싱턴은 포토맥강변을 새로운 국가의 수도로 지정하고 10년 계획으로 건설을 시작했습니다. 1799년에 사망한 워싱턴은 자신의 이름과 같은 미국의 수도가 완성되는 것을 보지 못했습니다. 따라서 현재 백악관의 최초의 입주자는 2대 대통령 존 애덤스였지만 1년 남짓에 불과했습니다. 김형곤, 『정직의 힘』(서울: 새문사, 2012), 12 재정리.

메릴랜드 사이에 있는 포토맥강가는 습지 위에 건립되었습니다. 처음에는 큰 계획하에 설립되었지만 워싱턴은 이런저런 문제를 고려하는 가운데 아주 천천히 성장했습니다. 영국군은 1812년 전쟁 동안에 워싱턴을 점령하여 가장 상징적인 건물인 '의회 의사당'과 '백악관'[17]을 더불어 여러 다른 건물들을 불태웠습니다. 파괴된 건물들을 재건축하고 도시를 다시 정비하는 데 여러 해가 걸렸고 그만큼 도시의 발달은 늦어졌습니다. 원래부터 습지 위에 세워진 탓도 있지만 하수시설이 턱없이 부족했던 당시의 워싱턴은 자주 역한 악취가 풍겼습니다. 자연히 워싱턴에 거주하는 많은 사람들은 전염병을 옮길 수 있는 모기를 비롯한 여러 벌레에 시달렸습니다. 영국의 소설가 찰스 디킨스Charles Dickins는 1830년대에 워싱턴을 방문하고 나서 그곳을 "장엄한 거리의 도시로, 어디에서 시작되고 어디로 이어지는지 알 수 없는 참으로 넓고 긴 거리가 있으며, 집들은 너무나 드물게 있고, 그것도 공공건물만 들어서

---

17 미국 최초의 퍼스트레이디였던 마사 워싱턴(Marth Washington)의 첫 남편인 대니얼 커스티스(Daniel P. Custis)의 버지니아 농장 이름이 '백악관 농장(White House Plantation)'이었고, 남편이 사망하자 그녀는 백악관 농장을 비롯한 많은 재산을 가지고 조지 워싱턴과 결혼했습니다. 아마도 미국 최초의 대통령과 퍼스트레이디가 된 워싱턴과 마사는 수도 이름은 '워싱턴'으로 하고 비록 그들은 살아보지 못했지만 대통령이 거주하는 집은 마사의 '백악관'의 이름을 가져오기로 한 것으로 보입니다.

있는 곳"이라고 말했습니다.[18]

당시 워싱턴의 상황은 피어스로 하여금 여러 면에서 균형을 잃게 만들었습니다. 이미 수년 동안 의원으로 일을 하면서 워싱턴의 생활에 익숙한 고참 의원들에 의해 좌우되고 있는 의회에서 피어스가 특별한 진전을 이룰 수 있는 일은 거의 없었습니다. 단지 그는 자신의 영웅 잭슨 대통령의 노선에 따라 묵묵히 손을 들었을 뿐이었습니다. 당시 민주당은 대통령 잭슨의 정책인 미합중국은행의 재인가 불허, 1833년 관세법에 반발하여 사우스캐롤라이나 주의 연방탈퇴 시도 억제, 교통망 개량사업 반대, 공유지 무단거주자 선매조치 반대 등을 충실히 따랐고 피어스 역시 민주당의 노선에 충실했습니다. 그 결과 피어스는 민주당 주류들로부터 크지는 않지만 그래도 의미 있는 - 충실한 민주당원 - 인상을 남길 수가 있었습니다. 초선 하원의원으로서 피어스는 그저 듣고 배우는 것으로 만족해야만 했습니다. 그에게 발언권이 주어질 수 있는 기회는 거의 없었습니다. 회기가 열리는 동안 피어스는 다른 의원들과 마찬가지로 하숙집에서 생활했고 마치 보든대학을 다닐 때처럼 동료 의원들과 자주 술집에 들러 술을 마시며 질펀하

18 DiConsiglio, *Franklin Pierce*, 22 재인용.

게 놀았습니다. 그 결과 피어스는 동료 의원들에게 재능 있는 하원의원이라기보다 술을 잘 마시는 좋은 친구로 더 알려졌습니다. 그들은 뉴햄프셔주 의회에서 연방 상원의원으로 보낸 아이잭 힐과 그의 아내, 메인 주의 두 명의 상원의원인 윌리엄 페센든과 제임스 브래드뷰리, 펜실베니아주 상원의원 윌리엄 윌킨스William Wilkins, 그리고 테네시주 상원의원 휴 화이트Hugh L. White 등이었습니다. 그러나 워싱턴에서 피어스가 가장 친하게 지낸 친구는 뉴햄프셔주 의회 동료였던 벤저민 프렌치Benjamin B. French였습니다. 프렌치는 연방 하원의원의 서기로 워싱턴에 왔고 피어스가 의원으로 있었던 9년 동안 가장 친한 친구로 어울려 지냈습니다.[19]

[19] Holt, *Franklin Pierce*, 14-15.

결혼

제23차 의회 첫 번째 회기와 두 번째 회기 사이에 피어스는 뉴햄프셔주 고향으로 돌아갔습니다. 고향에서 그는 1827년 앰허스트에서 법률을 공부할 때 만나때로는 가깝게 때로는 멀게 관계를 유지해 온 몹시도 내성적이고 소심한 젊은 여성인 제인 민즈 애플턴Jane Means Appleton에게 결혼을 제의했습니다. 제인의 아버지는 피어스가 대학 등록을 하기 전 보든대학의 총장이었는데 애플턴 집안은 피어스를 달가워하지 않았습니다.

사실상 프랭클린과 제인은 여러 면에서 잘 어울리지 않는 짝이었습니다. 피어스 집안은 뉴햄프셔주 촌구석 출신으로 평민들이 호응하는 잭슨 민주당을 지지하고 있는 반면에 제인 애플턴 집안은 부유하고 귀족적인 뉴잉글랜드 출신으로 연방파 혹은 국민 공화파와 휘그당을 지지했습니다. 제인의 아주머니 중 한 사람은 연방파 출신의 상원의원인 제레마이아 메이슨Jeremiah Mason과 결혼했고 또 다른 아주머니는 어마어마하게 부유한 보스턴의 직물

제조업자인 아모스 로렌스Amos Lawrence와 결혼을 했습니다. 제인의 아버지는 잭슨 민주당원들을 싫어했으며 특히 대통령 앤드류 잭슨을 혐오했습니다. 또 다른 이유로 두 사람은 외모와 성격에 있어서도 전혀 어울리지 않았습니다. 짙은 적갈색 머리칼, 푸른 눈, 네모난 턱, 호리호리하지만 근육질 있는 육체를 가진 프랭클린 피어스는 보기에 대단히 잘생긴 남자였습니다. 반면에 검은 머리칼에 작은 체구와 어딘가 슬픈 듯한 얼굴을 가진 제인 애플턴은 결코 미인이 아니었습니다. 성격에 있어서도 피어스는 아주 사교적이고 신체적인 외부활동을 좋아하는 건강의 상징과도 같았습니다. 반면에 제인은 극도로 수줍음이 많고 너무나 꼼꼼했으며 신체적으로 약해 보였을 뿐만 아니라 사실상 자주 아팠고 종종 우울증에 걸리기도 했습니다. 제인은 담배나 술을 너무나 싫어했지만 피어스는 여러 친구들은 물론 정치 동료들과 어울려 자주 술을 마셨습니다.

피어스는 정치와 공적생활을 갈망하고 강하게 추구했지만 그럴수록 제인은 정치와 공적생활을 싫어했습니다. 더더욱 제인은 늘 하인이나 일꾼들에게 의지했고 그 결과 그녀는 집안일을 전혀 경험하지 못했습니다. 이처럼 어울리지 않는 두 사람이 어떻게 서로에게 매력을 느꼈는가는 분명치 않지만 서로 다른 사람끼리는 매력을 느낄 수 있다고 단순하게 생각하면 이해 못할 것도 아닙니다. 어쨌든 제인 집안의 반대에도 불구하고 두 사람은 1834년 11월 19일에 앰허스트에 있는 그녀의 할머니 집에서 결혼을 했습니다.[20]

결혼을 하자마자 제인은 곧바로 의회 회기의 시작으로 남편과 함께 워싱턴으로 갔습니다. 워싱턴에 도착하자마자 제인은 건강에 좋지 않은 도시환경은 물론이고 거칠게 이야기를 하는 정치인과 그들과 어울려 밤늦은 시간까지 술을 마시는 남편의 생활을 몹시도 싫어했습니다. 결국 그녀는 곧바로 뉴햄프셔 집으로 돌아왔고 피어스는 혼자 생활하다가 회기가 없으면 아내에게 가서 생활했습니다.[21]

---

20 DiConsiglio, *Franklin Pierce*, 23-24.

21 제인이 술을 싫어 한 것은 개인적으로 싫어한 것도 있지만 당시 뉴잉글랜드 지역의 일반적 사회적 경향 중 하나는 금주에 대한 강한 요구에 부응한 것이기도 합니다. 뉴햄프셔주에서도 술의 판매와 이용을 불법으로 하는 금주운동이 활발하게 이루어지고 있었고 그녀 역시 이 운동에 적극 참가했습니다. 금주운동 지지자들은 술의 남용은 술을 마시는 사람뿐만 아니라 가족과 자녀들에게도 말 못할 고통을 준다고 주장했습니다. DiConsiglio, *Franklin Pierce*, 24 재정리.

다시 워싱턴 정치

1835년 뉴햄프셔주 민주당 전당대회는 피어스를 다시 연방 하원의원으로 만들었습니다. 제인은 남편을 따라 워싱턴에 가지 않고 앰허스트에서 지내면서 아이를 출산했습니다. 피어스는 다시 워싱턴에서 다른 동료 의원들과 어울려 술과 거친 생활을 하게 되었고 이번에는 민주당의 강력한 정치보스로 미주리주 상원의원인 토머스 벤턴Thomas H. Benton과 절친한 사이가 되었습니다.

제24차 의회의 가장 큰 현안문제는 워싱턴에서 노예제도를 폐지할 것을 요구하는 수천 통의 청원을 의회가 어떻게 처리할 것인가 하는 문제였습니다. 1833년에 결성된 '미국노예제폐지협회American Anti-Slavery Society'[22]를 중심으

---

[22] 1831년에 냇 터너(Nat Turner)라는 이름을 가진 버지니아의 한 노예가 동료 노예 소수를 설득하여 그들로 하여금 주인에게 반란을 일으키도록 했습니다. 8월 13일에 그들은 주인과 그 가족을 살해했습니다. 이에 또 다른 노예들이 반란에 가담했고 그들은 약 60명의 백인을 죽였습니다. 이에 놀란 백인사회는 신속히 민병대를 조직하여 반란을 제압했습니다. 터너는 체포되어 반란에 가담한 여러 흑인 노예들과 함께 교수형에 처해졌습니다. 약 200여 명 이상의 흑인 노예들이 백인 폭도들에 의해 그 어떤 재판도 받지 않고 리치를 당하거나 죽임을 당했습니다. 노예들의 반란은 노

로 노예제도 폐지를 청원하는 청원서가 약 200통 이상 의회로 날아들었습니다.

피어스는 노예제도를 호의적으로 생각하지는 않았습니다. 피어스의 집안은 결코 노예를 소유한 적이 없었고 프랭클린 피어스는 노예무역은 악惡이라고 생각했습니다. 그러나 그는 연방 헌법에 따라 이미 노예를 소유하고 있는 주는 노예제도를 유지할 수 있는 자격이 있다고 믿었습니다. 그 당시 많은 다른 정치 지도자들과 마찬가지로 피어스는 노예제도를 없애고자 하는 선동은 미국이라는 국가의 존재 자체를 위협하는 것이라 생각하고 노예폐지

예주에서 두려움을 낳았고 노예를 통제하기 위한 다양한 조치들이 마련되었습니다.

하지만 노예제도는 도덕적으로 악 그 자체라고 믿는 사람들이 많은 북부지역에서는 냇 터너의 반란에 박수갈채를 보냈습니다. 터너의 반란이 있은 지 2년 후인 1833년에 미국노예제폐지협회가 결성되었고 그들이 추구하는 운동은 이른바 '노예제폐지운동'으로 알려졌습니다. 이 운동은 특별히 뉴잉글랜드 지역에서 강하게 전개되었습니다. 1840년경에 노예제폐지론자들은 정부에 압력을 가해 노예제도를 종결시키라고 강요했습니다. 이에 남부주 지도자들은 만약 노예제도가 억제된다면 연방으로부터 탈퇴하여 노예제도에 관한 그들 자신만의 정책을 만들기 위해 그들의 권리를 보호할 것이라고 경고했습니다.

미국이 1840년대를 보내면서 거의 수백 평방 마일에 달하는 새로운 준주지역을 획득함으로써 북부지역에 사는 많은 사람들은 노예제도는 새로운 준주로 확대될 수가 없다고 주장했습니다. 반면에 남부인들은 준주지역에서 노예제도가 인정되어야만 한다고 주장했습니다. 하지만 북부는 물론 남부지역에서 중도파들은 양측의 어떤 타협을 모색하고자 했지만 노예제폐지론자들은 노예제도의 폐지를 제외한 어떠한 타협도 고려하기를 거부했습니다.

운동을 위험스러운 것이라고 비난했습니다. 피어스는 노예제도 찬성주의자는 아니었지만 그럼에도 노예제폐지론자들을 몹시도 경멸했습니다. 그는 노예제폐지론자들의 독선적인 행동과 운동에 동참하지 않는 사람이면 누구나 비난하는 경향이 너무도 공격적이며 큰 죄악이라 생각해 참을 수 없었습니다. 피어스는 만약 노예제폐지론자들의 난동이 제어되지 않는다면 존경받는 건국의 아버지들과 자신의 아버지가 애써 만들어 놓은 이 나라가 분열될 수도 있다고 믿었습니다. 피어스는 반드시 보존되어야 하는 연방의 영속성을 위협할 수 있는 것이라면 무엇이라도 분개하고 거부했습니다. 시간이 지나면서 비록 즉각적인 폐지를 주장하지는 않았지만 피어스의 본질적인 생각은 노예제폐지론자들에 대한 미움을 넘어 노예제도를 반대하고 새로운 서부지역으로의 확장을 반대하는 모든 북부 단체들에 대한 적개심으로 발전했습니다. 1850년대에 노예제도에 대한 지역적 갈등과 서부로의 확장에 대한 그의 입장은 단순히 '노예제도 반대에 대한 반대anti-antislavery'가 아니라 노골적으로 '친남부적인pro-southern' 것으로 바뀌었습니다.[23] 당시 북부인들에게 동조적이었던 언론들은 피어스와 같이 북부인이면서 남부에 동정적인 사람들을 가

---

23 Holt, *Franklin Pierce*, 17.

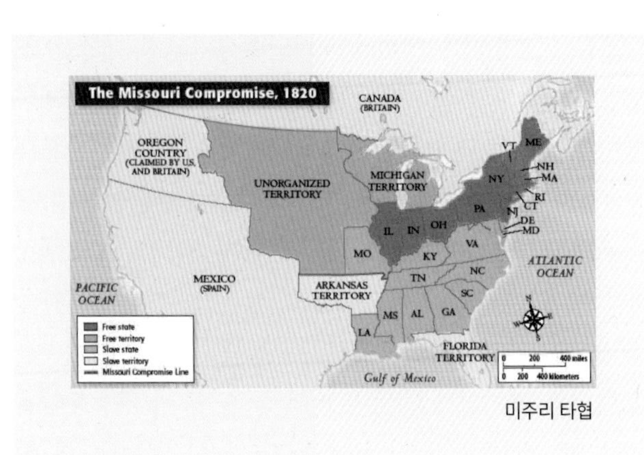

미주리 타협

리켜 남부 말을 잘 듣는 말랑말랑한 겁쟁이라는 의미의 '도우페이스doughface'라 불렀습니다. 하원의원으로 있는 동안 피어스는 노예제도 폐지를 주장하는 청원서에 대한 어떠한 심의나 의결을 하지 않은 채 그냥 책상 위에 던져 두어 자동적으로 의안이 사라지게 하고 일체의 말을 하지 않는 '함구령gag-rule'을 철저히 지켰습니다.

프랭클린 피어스가 4년에 걸친 연방 하원의원을 마치자 뉴햄프셔주의회는 그를 연방 상원의원에 선출했습니다. 겨우 33살의 나이였던 그는 당시 연방 상원에서 가장 어린 의원이었습니다. 상원에서 피어스는 당시 미국 정치의 거물들을 만날 수 있었습니다. 매사추세츠주 상원의원인 대니얼 웹스터는 일찍이 피어스의 아버지와 친분이 있었던 사람이었습니다. 사우스캐롤라이나주의 존 캘훈John C. Calhoun은 남부주들을 대표하는 능력 있는 대변인이었습니다. 켄터키주 연방 하원의원으로 하원의장인 헨리 클레이Henry Clay는 프랭클린 피어스가 막 대학을 입학하던 때였던 1820년에 노예주와 자유주 사이에서 '미주리 타협Missouri Compromise'을 이끌어 낸 '위대한 타협가Great Compromiser'였습니다.[24]

상원의원으로 피어스는 위대한 인물들과 친분을 가질 수는 있었지만 의원으로서 이렇다 할 일을 하지는 않았습

---

24 건국 이후 줄곧 주에서 노예제도를 인정하고 인정하지 않고 하는 문제는 남과 북이 첨예하게 대립하고 있었습니다. 1819년까지 연방에는 노예주가 11개 자유주가 11개로 균형을 이루고 있었는데 미주리주가 노예주로 연방 가입을 신청하자 갈등이 첨예하게 되었고 이에 헨리 클레이의 중재 아래 매사추세츠주의 일부인 메인지역을 분리하여 메인 주로 하여 자유주로 연방에 가입하게 함으로써 남과 북의 갈등을 피할 수가 있었습니다. 타협에서는 이미 1803년 제퍼슨 대통령 때 미국 영토로 편입되어 있는 루이지애나 지역서 향후 주로 승격하는 문제가 제기되자 일리노이주 상원의원인 제시 토머스(Jesse B. Thomas)가 미주리를 제외한 루이지애나지역에서 미주리 남부경계선인 36° 30′을 기준으로 북부에는 노예제도를 영원히 금지한다는 제안을 하여 통과되었습니다. 이 미주리 타협은 노예제도를 두고 남과 북의 지역적 갈등을 완전히 해소시킨 것이 아니라 잠재적으로 봉합시킨 것에 불과했습니다. 1840년대를 지나면서 멕시코전쟁으로 서부의 거대한 영토가 새롭게 미국의 영토가 되고 루이지애나 지역이 새롭게 주로 승격되어 연방 가입을 하게 되자 지역 간의 갈등이 다시 살아났습니다. 1850년 타협으로 겨우 다시 갈등을 봉합했지만 미주리 선 이북에 위치한 네브래스카와 캔자스의 연방 가입문제가 제기되면서 종합되었던 갈등이 폭발하여 결국은 남북전쟁까지 일어나게 되었습니다.

니다. 피어스는 연방 상원의원으로 6년간 있었지만 연방 하원의원으로 4년간 있었을 때와 마찬가지로 중요한 인물로 부각되지는 않았습니다. 그는 역사에 남을 만한 중요한 법안을 발의하거나 기억에 남을 만한 연설 하나 하지 않았습니다. 피어스가 가장 열정을 가진 사안은 노예제폐지론자들에 대한 확고한 반대 입장이었습니다. 피어스는 하원의원에서와 마찬가지로 상원의원에서도 노예제폐지론자들에 대한 불만과 그들의 청원을 무시하는 재탕의 시간을 보냈습니다. 그렇게 많지 않은 연설에서 피어스는 "노예제폐지론자들은 위험스러운 광신도이며 … 의회는 그들의 청원권을 거부하는 것으로 여겨질 수 있는 일을 해서는 안 되며 … 그래서 하원에서와 마찬가지로 들어오는 청원을 책상 위에 올려 둠으로써 심의나 의결을 하지 말아야 한다"고 말했습니다.[25]

25 DiConsiglio, *Franklin Pierce*, 26 재인용.

상원의원 사임과 뉴햄프셔주 민주당 정치보스

의원으로 있으면서 특별한 어려움 없이 지냈던 피어스에게 1840년은 하나의 격변으로 다가왔습니다. 그해 대통령 선거에서 민주당이 휘그당에게 패배했습니다. 국민-공화파가 휘그당으로 발전하여 1812년 전쟁과 인디언 토벌전쟁으로 국민적 영웅이 된 윌리엄 헨리 해리슨William Henry Harrison을 대통령으로 당선시켰던 것입니다.

윌리엄 핸리 해리슨

뿐만 아니라 국민들에게 큰 인기가 있었던 잭슨의 영향력이 사라진 상태에서 대통령을 지낸 마틴 밴 뷰런은 1838년 경제적 어려움은 물론 기회주의적인 대통령의 행동에 실망한 국민들로부터 다시 신임을 얻지 못했습니다. 잭슨 행정부 8년에 뷰런 행정부 4년을 더해 총 12년간 민주당이 집권한 것에 지친 면이 있기도 했습니다.

휘그당이 대통령뿐만 아니라 하원과 상원 심지어 주의회까지 다수당을 차지[26]하게 됨으로써 민주당이 영원히 우위에 있을 것이라 믿어 의심치 않았던 피어스는 의원생활 8년 만에 전혀 새로운 변화를 감지했습니다. 대통령 윌리엄 해리슨[27]이 취임식 이후에 소집한 의회 특별회기가 열린 1841년 5월 31일에 피어스는 자신의 정치 인생에서 처음으로 소수당의 입장에 놓이게 된 것을 실감했습니다. 피어스와 다른 민주당 출신 의원들은 휘그당의

---

26 1840년 선거에서 휘그당은 대통령뿐만 아니라 연방 하원의석의 60%를 차지했고 뉴햄프셔주를 비롯한 여러 주 의회에서의 다수당이 되었고 연방 상원에서도 다수당이 되었습니다.

27 윌리엄 헨리 해리슨 대통령은 취임식에서 비와 진눈깨비가 오는데도 불구하고 우산을 쓰거나 비옷을 입지 않은 가운데 무려 2시간 이상이나 취임연설을 했습니다. 그 결과 그는 폐렴에 걸렸고 정확히 한 달 후인 4월 4일에 사망했습니다. 윌리엄 해리슨의 사망으로 부통령이었던 존 타일러(John Tyler)가 대통령으로 승계했습니다.

창시자인 헨리 클레이가 이끄는 반대당의 횡포[28]에도 불구하고 사실상 아무런 힘도 없이 그저 지켜볼 수밖에 없었습니다.

정치를 시작하고 나서 처음으로 소수당의 무력함을 맛보았으며, 뉴햄프셔주 의회가 연이어 상원의원 자리를 줄 것 같지도 않았고, 자주 중단되었던 변호사의 일을 통해 돈도 번 데다, 아내 제인과 아들이 정치를 그만두기를 간절히 원했기 때문에 피어스는 상원의원 임기가 거의 끝나 가는 1842년 2월 말에 사임을 했습니다. 더불어 피어스가 굳이 사임을 선택하게 된 이유를 하나 더 들자면 술 습관과 관련된 것이었습니다. 1841년 가을 회기가 없을 때 뉴햄프셔 콩코드 집에 간 피어스는 아내를 비롯한 많은 사람들 앞에서 금주서약을 했고 다음 해 초에 뉴햄프셔주 금주협회 회장까지 맡았습니다. 하지만 제인이 없는 가운데 폭음문화에 다시 노출된 피어스는 술을 참는다

---

28 당시 헨리 클레이는 1820년 미주리 타협을 이끌고 휘그당을 창시한 인물로 의회 내에서 강력한 영향력을 행사하고 있었습니다. 그는 1840년 대통령 선거에 출마했지만 전당대회에서 군인 출신의 윌리엄 헨리 해리슨에게 후보직이 넘어가자 부통령 후보자 존 타일러를 지명하고 휘그당 후보의 당선을 위해 최선을 다했습니다. 해리슨이 당선된 후 그는 장관을 비롯한 여러 공직 임명권에도 깊숙이 관여할 수 있는 힘을 가지고 있었습니다. 휘그당은 그레이브스와 실리의 결투사건에 피어스가 연루되었다고 의심하는 것은 물론 고율관세, 국립은행제도, 내륙교통망사업 등 피어스가 몹시도 싫어하는 경제 정책을 추진하였습니다.

는 것이 너무나 고통스러워 서약을 깨트리는 유혹에 빠지는 자신을 보고 워싱턴을 떠나기로 마음먹었던 것입니다.

정치를 그만두고 뉴햄프셔주로 돌아온 피어스는 완전히 다른 사람처럼 변해 있었습니다. 그는 약속한 대로 금주를 실천했고 금주협회 회장으로서 충실히 임했습니다. 곧바로 그는 콩코드에 새로운 변호사사무실을 열고 곧 큰 성공을 거두기 시작했습니다. 당시 피어스가 변호하게 된 사건의 대부분은 뉴햄프셔주에서 성장하고 있었던 기업과 관련된 것들이었습니다. 전직 연방 하원의원과 상원의원 출신으로 그는 변호 일을 하는 데 있어 다른 일반 변호사들에 비해 훨씬 유리한 입장에 있었습니다. 동시에 그는 법정에서 변호하는 능력, 특히 배심원을 비롯한 상대의 이름을 기억하는 능력을 가지고 있어 변호사로서 상당한 성공을 거두었습니다.

고향으로 돌아오면서 피어스는 아내 제인에게 정치를 그만둘 것이라고 약속했습니다. 하지만 그는 약속과는 달리 정치생활로부터 완전히 떠난 것이 아니었습니다. 곧바로 그는 지역 뉴햄프셔주 민주당을 위해 여러 가지 일을 하면서 사실상 1842년부터 1852년 대통령 선거 때까지 지역 민주당 정치보스로 충실한 활동을 했습니다. 1844년 대통령 선거에서 피어스는 뉴햄프셔주 민주당 지지세

제임스 포커

력을 조직하여 대통령 후보인 제임스 포커James K. Polk의 당선을 도왔습니다. 대통령에 당선된 포커는 감사의 표시로 피어스에게 연방 검찰직을, 뒤이어 법무장관직을 제안했습니다. 하지만 피어스는 대통령의 제안을 거절했습니다. 그는 다시는 워싱턴으로 돌아가지 않겠다고 했던 아내 제인과의 약속을 지키고자 했습니다.

이때가 아내 제인에게 가장 행복했던 순간이었습니다. 남편 피어스와 같이 살게 되었을 때 제인은 일시적으로 우울증을 극복하는 것처럼 보였습니다. 하지만 피어스 부부는 당시 마음의 고통을 앓고 있었습니다. 1836년에 태어난 그들의 첫 아들 프랭클린 피어스 2세가 태어난 지 3일 만에 죽었습니다. 더욱이 1843년에는 4살이었던 둘째 아이 프랭클린 로버트 피어스 역시 장티푸스로 죽었습니다. 이제 피어스 부부에게는 1841년에 태어난 아이 벤저민 피어스만 남아 있었고 부부는 그 아이에게 헌신했습니다. 당시 아내 제인은 남편 피어스의 정치활동이 자식들의 운명을 재촉한다는 생각을 하고 있었고 그만큼 남편이 정치권으로부터 완전히 멀어지기를 원했습니다.

하지만 피어스는 사실상 정치로부터 완전히 멀어지지 않았습니다. 그는 뉴햄프셔주에서의 민주당 단결과 주 의회에서 다수당이 되기 위한 여러 당직이나 선출직 지명문제, 이를 둘러싼 여러 갈등문제를 해결하는 데 적극적이었습니다. 피어스에게 민주당의 단결과 우위문제는 뉴햄프셔주에서 뿐만 아니라 국가 전체에서도 가장 중요하고 긴요한 문제였습니다. 피어스에게 그것은 반드시 이루어야 할 표어인 동시에 병적인 집착이었습니다. 피어스는 아버지의 영향력에 힘입어 정치를 시작했고 뉴햄프셔라는 성장하는 지역에는 이렇다 할 경쟁자가 없어 잭슨 민주당과 민주당 당론에 충실한 것이 정치의 전부라고 생각했던 것입니다. 피어스는 정치가 어떤 사안을 놓고 상대당과 치열한 논쟁을 하거나 때로는 양보와 타협을 하여 최대 공약수를 끄집어내는 일이라는 것에 익숙하지 않았습니다. 피어스에게 정치란 무조건 상대를 이기는 것이었으며 그것도 압도적으로 이기는 것이었습니다. 피어스는 1840년 선거에서 민주당이 패배하여 소수당이 되고 상원의원직을 사임하면서 이러한 생각을 더욱 고착시켰다고 할 수 있습니다.

1842년에서 1852년 사이에 피어스는 민주당의 단결과 우위를 위해 자신의 영향력이 미치는 뉴햄프셔주에서 민주당의 당론인 친남부적이고 친노예제적인 발언과 정책에 반하는 그 어떠한 것에도 강한 불쾌감을 표시했으며 철저하게 싹을 잘라 버렸습니다. 피어스는 노예제도나 노예소유자를 비판하는 그 어떤 것이라도 참지 못했습니다. 당시 피어스는 주 민주당 조직에서 자신의 불관용을 행사할 수 있는 충분한 영향력을 가지고 있었습니다. 예를 들어 피어스는 1845년과 1851년에 뉴햄프셔주 민주당 전당대회 특별회기를 소집하여 이전에 노예제도 반대발언을 한 이유를 들어 이미 후보자가 된 사람들을 추방시켰습니다. 1843년에 뉴햄프셔주 민주당 지도부는 피어스의 보든대학 동기생인 존 해일John P. Hale을 민주당 후보자로 연방 하원의원에 당선시켰습니다. 1844년 6월에 주 민주당 전당대회는 헤일을 재공천했습니다. 하지만 1845년 3월 선거가 있기 전에 해일이 전국 민주당 본부가 채택한 강령 중 하나를 공개적으로 반대하는 일이 발생했습니다. 대부분의 민

존 해일 동상

주당원들은 노예제도를 가지고 있는 공화국 텍사스를 즉각적으로 연방에 합병하는 일을 추진한 제임스 포커를 대통령으로 선출해야 한다고 믿었습니다. 하지만 해일은 텍사스를 노예주로 연방에 편입시키는 것은 사악한 제도를 퍼뜨리는 것이고 국가에 노예소유자의 권력을 강화시키는 것이라 생각했습니다. 해일은 너무나 확고해서 1844년과 1845년 겨울 회기 동안에 연방 하원에서 이 문제가 제기되었을 때 민주당의 당론에 반하는 표를 던졌습니다. 이에 피어스는 주 민주당원들을 동원하여 그의 공천을 박탈했습니다. 하는 수 없이 헤일은 독립당으로 출마했습니다. 당시 대부분 뉴잉글랜드지역의 주들과 마찬가지로 뉴햄프셔주 역시 모든 공직에 당선되기 위해서는 일반투표에서 다수결이 아니라 과반수 이상의 표를 얻어야만 했습니다. 크게 보면 분명 민주당 우위의 지역구였음에도 불구하고 피어스는 주 민주당원을 동원하여 헤일이 과반수를 넘지 못하게 만들었습니다.

피어스의 방해는 거기에서 그친 것이 아니었습니다. 1846년에 헤일의 노예제도 반대 지지세력, 휘그당, 그리고 민주당이 각각 주지사 후보와 주의회 의원 후보를 냈습니다. 주지사 선거에서는 아무도 과반수를 획득하지 못했지만 주 의회에서는 휘그당과 연합한 해일의 지지세력들이 그동안 우위에 있었던 민주당을 이겨 과반수를 차지했습니다. 승리한 휘그당과 헤일의 지지세력들이 하나의 거래를 성사시켰습니다. 그들은 휘그당 후보 앤서니 콜비Anthony Colby를 주지사가 되도록 하고 그 대신 존 헤일을 1847년부터 1853년까지 연방 상원의원이 되도록 했습니다. 이에 피어스는 몹시도 화를 냈습니다. 1847년에 그는 휘그당과 해일의 지지세력들의 연합을 파괴시키기 위해 대규모 민주당원을 동원했습니다. 하지만 효과는 크지 않았습니다. 이미 헤일은 주뿐만 아니라 연방 단계의 선거에서 자유당Liberty Party으로 힘을 모으고 있었고 가장 유명한 노예제도 반대 정치가로 성장하고 있었기 때문이었습니다. 사실 1852년에 해일은 노예제도 반대를 기치로 내건 자유토지당Free Soilers Party후보로 미국 대통령에 출마했습니다.[29]

1840년대까지 피어스가 가지고 있던 여러 경력을 살펴보면 1852년 대통령으로 당선된 후에 하게 되는 행동에 대한 단서를 찾을 수 있습니다. 피어스의 온화하고 유순한 성격은 물론 다른 사람의 이름과 얼굴을 기억하는 뛰어난 능력은 피어스의 정치적 성공을 담보해 주었습니다. 말하자면 피어스는 이른바 '클럽회관과 같은 술집 선거clubhouse pol'를 잘 활용하는 타고난 재능을 가지고 있었습니다.[30] 피어스는 자신이 개인적 매력으로 다른 사람을 이길 수 있는 능력을 가지고 있다고 확신했습니다. 거기다 피어스는 정치가들에게 큰 장점으로 작용할 수 있는 것으로 뛰어난 기억력 덕분에 어떤 쪽지나 메모가 필요 없는 훌륭한 대중 연설가였습니다. 주 의회에서나 연방 의회에서 피어스는 철저하게 민주당 노선을 따랐습니다. 그

29 1852년에 피어스는 민주당의 다크호스 후보로 출마하여 대통령에 당선되었습니다.

30 Holt, *Franklin Pierce*, 24.

는 노예제폐지론자들의 청원을 무시하는 '함구령'을 철저히 지켰으며 노예제도를 반대하는 사람들을 항상 비판했고 새로운 중서부지역개발의 필요성과 이익에 대한 냉담한 무관심으로 연방 보조금을 이용한 교통망 개량사업에 늘상 반대했습니다. 그야말로 피어스의 정치적 견해는 편협하고 지협적인 것이었습니다.

나아가 피어스는 민주당이 뉴햄프셔주에서 항상 우위에 있어야 한다고 생각하며 그렇게 되도록 지역보스로 활동했습니다. 사실상 뉴햄프셔주의 일반투표에서 휘그당 후보는 거의 40%를 넘지 못했습니다. 1836년, 1840년, 1844년 대통령 선거에서 뉴햄프셔주는 북부의 다른 어떤 주보다도 민주당 후보에게 다수표를 주었습니다. 북부지역에서 뉴햄프셔주만이 유독 민주당을 강하게 지지하는 이례적인 현상으로 인하여 피어스가 당의 내적 단결에 그토록 몰입한 것이 아닌가 생각합니다. 1820년대 초 이래로 조금이라도 예민한 정치가라면 미국 정치사에서 어떤 당이나 파벌의 내적 응집력은 상대 경쟁당이나 파벌의 힘이 클수록 더욱 강화되었다는 것을 알았을 것입니다. 뉴햄프셔주처럼 외적인 경쟁이 약한 곳에서는 당의 내적 파열이 끊임없이 위협받기 때문에 피어스가 이에 더욱 집착한 것으로 생각됩니다. 민주당의 뉴햄프셔주에서의 절대적 우위는 피어스를 눈멀게 만들어 민주당이 상대당과의 적절한 경쟁력을 유지하지 못하게 만들었습니다. 1842년 피어스가 소수당이 된 지 단지 4달 만에 상원의원직을 사임한 것이 이를 잘 설명해 주고 있습니다. 피어스는 오로지 승리의 패를 쥐고 있을 때만 정치를 했습니다. 일반적인 정치인들에게 정치적 패배란 그것을 참고 견디어 권토중래捲土重來하는 것이었지만 피어스에게 그것은 전혀 새로운 것이었고 결코 참을 수 없는 경험이었습니다.

피어스가 대통령으로 있으면서 취한 대부분의 정책과 행동은 그가 이전에 정치를 할 때나 정치보스로 있을 때의 경험과 놀랄 정도로 닮아 있습니다. 당시 상대 휘그당은 이전에 뉴햄프셔주에서 늘상 그랬듯이 전국적으로 쇠퇴한 상태에 있었습니다. 그 결과 피어스는 압도적인 표차로 춤을 추듯이 백악관에 입성했습니다. 그러나 대통령이 되자 피어스는 이전에는 뉴햄프셔주에서만 승리의 패를 가지면 되었던 것이 이제 전국적인 승리의 패를 가져야만 하는 문제에 부딪히게 됩니다. 피어스는 비록 민주당 후보로 대통령이 되었지만 대통령으로 당선된 상태에서는 더이상 뉴햄프셔주만의 대통령이 아니라 미국이라는 국가와 국민을 대표하는 대통령이 되어야 한다는 점을 인식하지 못했습니다. 미국의 대통령임에도 불구하고 피어스는 민주당과 민주당의 당론에만 충실한 편협하고 지엽적인 대통령이었습니다. 피어스는 오로지 민주당이 승리의 패를 쥘 수 있도록 대통령으로서 무리수를 두었습니다.

멕시코전쟁 참전

미국-멕시코전쟁1846. 5-1847. 9은 당시 대통령 제임스 포커가 멕시코 북부 몬테레이지역, 오늘날 뉴멕시코지역, 그리고 캘리포니아지역을 미국에 병합하고자 일으킨 전쟁입니다. 멕시코에게 이 지역을 구입하고자 했지만 멕시코가 거절하자 포커 대통령은 1812년 전쟁의 영웅인 재커리 테일러Zachary Tayler 장군에게 멕시코 영토인 리오그란데강 북동쪽 강둑으로 진격하도록 명령했습니다. 멕시코 군은 테일러가 이끄는 미국 군대를 공격했습니다. 이는 포커 대통령이 간절히 바랐던 바였습니다. 포커는 멕시코의 공격을 의회로부터 전쟁 승인을 얻을 수 있는 구실로 삼았던 것입니다.

피어스는 일찍부터 대통령 포커와 친구가 되어 있었습니다. 피어스가 두 번에 걸쳐 연방 하원의원으로 있었을 때 포커는 하원의장을 역임하고 있었습니다. 지난 선거의 패배1840년 선거에서 휘그당의 윌리엄 헨리 해리슨에게 패배를 딛고 민주당의 우위와 단결을 간절히 원했던 피어스는 비록 아내에게 정치를 하지 않겠다고 선언했지만 1844년 선거에서 포커의 당선을 위해 뉴햄프셔지역 정치보스로 최선을 다했습니다. 피어스의 노력은 뉴햄프셔지역이 어느 북부지역보다 압도적인 표 차로 포커를 지지하도록 만들었습니다. 감사의 표시로 포커는 피어스에게 연방 검찰직과 법무장관직을 제안했으나 피어스는 아내와 가족에 대한 책임을 말하면서 이를 거절했습니다. 당시 아내 제인은 4살 먹은 아들 프랭클린 로버트를 잃은 고통과 슬픔으로부터 벗어나지 못하고 있었고 여전히 정치를 몹시도 싫어했습니다.

그 대신 피어스는 유년 시절부터 막연하게 꿈꾸었던 군인이 되고자 했습니다. 피어스는 내심 독립전쟁에 참가하고 뉴햄프셔주 민병대를 양성한 아버지와 1812년 전쟁에 참가한 형들을 부러워하고 있었습니다. 그럼에도 피어스는 1846년 전쟁이 일어났지만 막상 군인이 되지 못했

재커리 테일러

윈필드 스콧

습니다. 아내 제인에 대한 관심과 40살의 나이에 여러 공직을 지낸 피어스가 군인이 되기에는 적합하지 않다는 의견 때문이었습니다. 하지만 이듬해에 의회가 새로운 정규군의 추가 창설을 요구했을 때 피어스에게도 기회가 왔습니다. 피어스는 이전에 어떠한 군사훈련도 받아 본 적이 없었음에도 불구하고 전직 연방 하원의원과 상원의원이었고 뉴햄프셔주 민주당 정치보스라는 이유로 빠른 승진을 했습니다. 포커 대통령은 1847년 2월에 피어스를 대령으로 진급시켜 뉴햄프셔주에 있는 연대를 이끌도록 했습니다. 한 달 후 피어스는 준장으로 진급하여 여러 뉴잉글랜드지역의 여러 연대를 소속으로 둔 2천 500여 명 규

모의 여단을 이끌도록 했습니다. 곧바로 피어스의 여단은 베라크루스항을 경유하여 멕시코로 진격하려는 작전을 가지고 있는 윈필드 스콧Winfield Scott 장군[31] 휘하에 예속되었습니다. 하지만 여단을 꾸리고 전투를 준비하느라 피어스가 아직 뉴잉글랜드지역에 있을 때 스콧 장군은 이미 베라크루스를 점령하고 멕시코로 진격할 준비를 다 마쳤습니다. 6월 27일 피어스가 드디어 항구에 도착했을 때 스콧은 이미 내륙 깊숙이 더 진격해 있는 상태였습니다. 그곳에서 스콧은 피어스가 이끄는 여단과 보급품을 기다

---

31 윈필드 스콧은 버지니아 출신으로 윌리엄앤드메리대학에서 공부를 하고 변호사가 되었지만 얼마 있지 않아 버지니아 민병대에 가입했습니다. 1812년 전쟁에서 준장으로 진급하였고 그 후 블랙호크전쟁 등 인디언과의 전쟁과 멕시코전쟁에서 공을 세워 1852년 휘그당 대통령 후보가 되었습니다. 당시 민주당 후보는 프랭클린 피어스였는데 그는 멕시코전쟁 때 스콧의 부하로 있었습니다. 그는 선거에서 패배했지만 1855년에 조지 워싱턴의 계급이었던 중장에 진급했습니다. 1860년 에이브러햄 링컨(Abraham Lincoln)이 대통령에 당선되고 그에 대한 암살음모가 일고 있을 때 스콧은 링컨이 일리노이에서 워싱턴으로 안전하게 오도록 조치를 취했습니다. 남북전쟁이 일어나자 북부군 총사령관으로 남부연합을 포위하는 작전인 이른바 '아나콘다 계획(Anaconda Plan)'을 세워 전쟁에 임했으나 이렇다 할 성과를 내지 못했습니다. 그는 1861년 은퇴까지 무려 53년의 군 경력을 가지고 있었습니다. 스콧은 미국 군인 중 최장기 군복무의 경력을 가지고 있었을 뿐만 아니라 다른 진기한 기록도 가지고 있었습니다. 그는 무려 6피트(1미터 80센티미터) 키에 300파운드(136킬로그램)의 몸무게가 나갔습니다. 그는 군인으로서의 외모, 예절, 태도, 규율 등 세세한 부분까지 간섭하는 말 많은 잔소리꾼으로 군의 엄격한 훈련을 강조했습니다. 그 결과 부하들은 그에게 '소란을 일으키고 하찮은 걱정을 하는 늙은이(Old Fuss and Feathers)'라는 별명을 지어 주었습니다.

렸습니다. 적도의 뜨거운 열기와 치명적인 질병들은 군대가 행군하는 동안 자주 공격해 온 오합지졸 잡군에 불과했지만 자주 싸움을 거는 멕시코 군만큼이나 도전적이었습니다.

장군이 된 피어스는 무작정 싸우기를 원했지만 우선 스콧의 주력군을 따라 잡아야만 했습니다. 치명적인 적도의 열기 속에서 피어스는 부하들을 이끌고 150마일약 250킬로미터의 멕시코 내륙으로 들어가야만 했습니다. 행군을 하면서 자주 출몰하는 멕시코 게릴라들을 물리쳐야만 했고 무엇보다 적도의 벌레들과 질병으로부터 부하들을 보호해야만 했습니다. 피어스는 꼬박 21일이 걸려 스콧의 주력군과 만날 수 있었습니다. 후에 스콧은 워싱턴에 보낸 전황 보고서에서 '피어스 장군이 멕시코에서 거둔 최고의 승리는 약간의 피해는 있었지만 그럼에도 무사히 군을 이끌고 자신을 만난 것'이라고 썼습니다.[32]

8월에 피어스는 부하들과 함께 첫 번째 전투지인 콘트리라스로 이동했습니다. 울퉁불퉁한 바위투성이의 지형에도 불구하고 피어스 군대는 멕시코 군을 정면으로 공격했습니다. 피어스와 그의 부대는 용감하게 싸웠으나 전

---

32 Holt, *Franklin Pierce*, 28 재인용.

말 탄 모습의 피어스

투가 끝나기 전에 피어스가 탄 말이 갑자기 툭 튀어나온 바위에 걸려 심하게 비틀거렸습니다. 당황한 피어스는 앞으로 고꾸라지면서 안장 위로 떨어졌습니다. 잠시 후 말이 그의 다리 위로 넘어지면서 무릎에 상처를 냈습니다. 피어스는 상처의 고통으로 잠시 동안 정신을 잃었습니다. 그는 다리를 절었지만 일어나 다른 말을 찾아 지휘를 계속했습니다. 그러나 그의 지휘력은 이미 손상을 입었습니다. 피어스는 다음 날 전투에 임했지만 어제 입은 상처로 인한 고통 때문에 다리를 절며 전투지에 도착했습니다. 하지만 그가 도착도 하기 전에 이미 그 전투는 마무리되고 있었습니다. 다음 날 피어스의 군대는 이 전쟁의 마지막 전투인 멕시코시티 남부지역 채풀테펙으로 이동했으나 정작 피어스는 전투에 참가하지 못했습니다. 이번에는 설사로 인해 막사 병동에 누워 있어야만 했습니다. 그의 부하들 중 다수가 "군 경험이 전무한 정치적인 장군인 피어스는 바보 같은 겁쟁이에 지나지 않는다"라고 공공연하게 말했고 심지어 그가 들을 수 있는 곳에서도 "졸도한 프랭크Fainting Frank"라는 별명을 부르기도 했습니다.[33]

1847년 9월에 멕시코시티가 점령되고 사실상 전쟁이 끝난 상태에서 피어스는 군대생활이 지루해지기 시작했습니다. 피어스는 동료 장교들과 함께 사교클럽을 만들어 만날 때마다 진탕 술을 마셨습니다. 어떨 때는 술에 취한 장교가 일부러 피어스에게 다가와 결투를 신정했지만 그럴 때마다 피어스는 정중히 거절했습니다. 군에 있는 동안 피어스는 스콧 부대에 예속되어 있었던 남부 출신의 장교들을 친구로 사귀었습니다. 그들 중에는 테네시주의 기드온 필로우Gideon Pillow, 루이지애나주의 클레이본 보우리가드Claiborne Beauregard와 피에르 보우리가드Piette

33 DiConsiglio, *Franklin Pierce*, 34 재인용.

Beauregard, 미시시피주의 존 퀫맨John Quitman. 일리노이주의 제임스 실즈James Shields, 매사추세츠주의 칼렙 쿠싱Caleb Cushing, 코네티컷주의 토머스 시모어Thomas Seymour 등이 있습니다. 이들의 일부는 휘그당원이었을 때도 있었지만 당시는 민주당원들이었고 그 후에도 철저하게 민주당을 지지했습니다. 또한 이들의 대부분은 이후 남북전쟁 때 남부연합의 장군으로 참여했습니다. 필로우는 휘그당 출신의 사령관 윈필드 스콧을 너무나 싫어했습니다. 하지만 피어스와 스콧의 사이는 원만했습니다. 피어스는 스콧에게 제대를 요청했고 스콧은 피어스의 제대를 허락했습니다. 피어스는 6개월의 군복무를 마치고 이듬해 1월에 그의 아내와 남은 아들 베니는 물론 친구들과 이웃들로부터 대대적인 환영을 받으며 고향 콩코드로 돌아왔습니다.

국민을 불행하게 만든
대통령들 10인 시리즈
프랭클린 피어스

03

대통령을 향하여:
정당 경쟁에서 지역갈등으로

정치보스와 새로운 미국 영토

1847년 멕시코로부터 돌아온 피어스는 이제 뉴햄프셔주에서 가장 인기 있고 유명한 인물 중 한 사람이 되었습니다. 그는 '콩코드의 섭정Concord Regency'으로 뉴햄프셔주 정치리더정치보스로서의 위치를 확보했을 뿐만 아니라 변호사 일 역시 너무나 잘되어 많은 돈을 벌 수 있었습니다.

미국 역시 멕시코와의 전쟁의 결과 거대한 흥분과 엄청나게 확대된 부를 경험하고 있었습니다. 몇 년 사이에 미국은 로키산맥 서부의 방대한 영토를 통제하게 되었습니다. 포크 대통령은 1846년 6월 영국과의 '오리건 조약Origan Treaty'을 채결하여 오늘날 오리건주, 워싱턴주, 아이다호주, 와이오밍주와 몬태나주 일부가 포함된 거대한 오리건지역의 완전한 관할권을 미국이 확보할 수 있도록 했습니다. 무엇보다 미국은 멕시코와의 전쟁 후 1848년 2월에 맺은 '과달루페 이달고 조약Treaty of Quadalupe Hidalgo'을 통해 오늘날 캘리포니아지역, 뉴멕시코주, 애리조나주, 유타주, 와이오밍과 콜로라도 주 일부를 포함한 멕시코 북부지역을 미국의 영토로 만들었습니다. 바로 그해에 캘리포니아에서 황금이 발견되었고 곧 수십만 명에 달하는 미국인들이 부를 거머쥐기 위해 대륙을 가로질러 캘리포니아로 몰려들었습니다.[34]

그러나 이렇게 확보된 새로운 영토들로 인하여 노예제도를 둘러싼 새로운 위기를 초래하게 되었습니다. 노예제도가 새로운 영토에 허용될 수 있는가 아니면 금지되어야 하는가 하는 문제였습니다. 물론 1820년에 체결된 '미주리타협'에 따르면 36도 30분 이북에 있는 새로운 영토에는 당연히 노예제도가 금지되어야만 했습니다.

그러나 휘그당이 말하는 '포커 씨의 전쟁Polk's War'은 미국의 정치현안을 완전히 바꾸어 버렸습니다. 전쟁 처음부터 휘그당은 북부는 물론 남부 출신의 의원들도 멕시코

---

34 이른바 '골드 러쉬(Gold Rush)'로 알려진 현상입니다. 1848년 캘리포니아 지역에서 금광이 발견되면서 동부에서 약 30만 명 이상이 황금을 찾아 이동하였습니다. 인구가 급증한 캘리포니아는 빠르게 준주로 성장하고 곧바로 연방정부에 자유주로서 주 승격을 요청했습니다. 이 지역은 지난 1820년 미주리 타협(북위 36도 30분 이북에는 영구적으로 노예제도가 만들어 질 수 없다)으로 당연히 자유주가 될 운명이었습니다. 하지만 상원의석에서 불만을 제기한 남부주 의원들에 의해 캘리포니아를 자유주로 하는 대신 남부에서 도망간 노예를 합법적으로 체포하여 남부로 데리고 올 수 있도록 한 일명 '도망노예법(Fugitive Slave Acts)'을 통과시켜 남과 북의 갈등을 강화시켰습니다.(1850년 타협)

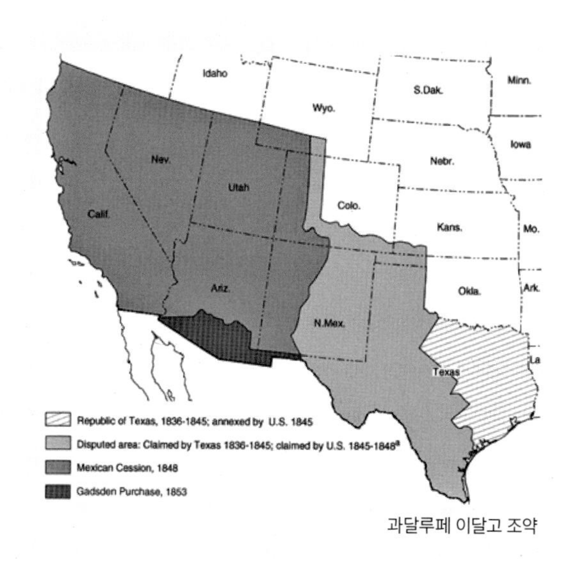

과달루페 이달고 조약

전쟁을 비도덕적인 침략행위이며 노골적인 영토 강탈이라 비난했습니다. 특히 북부에서는 텍사스지역을 넘어 노예제도를 확장하려는 의도를 가진 노예소유주들의 전쟁이라는 강한 비난을 퍼부었습니다. 북부 휘그당의 이러한 비난을 완화시키기 위해 1846년 8월 초 펜실베이니아 민주당 초선 하원의원인 데이비드 윌멋David Wilmot이 포커 대통령이 제출한 지출 예산안에 하나의 수정조항을 제출했습니다. 이른바 '윌멋 조항Wilmot Proviso'으로 알려진 이 수

데이비드 윌멋

정조항은 전쟁 결과로 멕시코로부터 얻게 된 그 어떠한 영토에도 노예제도를 금지한다는 조항이었습니다.

윌멋 조항이 발표되자마자 즉시 휘그당은 물론 민주당 역시 노예제도를 둘러싼 남과 북을 경계로 첨예하게 분열되었습니다. 하원에서는 휘그당이든 민주당이든 모든 남부의원들은 이 조항의 채택을 즉각 반대했습니다. 반면 북부 전체는 아니었지만 대부분의 북부 출신 의원들은 윌멋 조항의 채택을 지지했습니다. 그러나 상원에서는 조항을 채택하는 투표조차 하지 못하고 무기한 연기시켰습니다. 결국 의회는 윌멋 조항을 법으로 재정하지 않았지만 이후 4년 동안 새로 확보된 서부 영토에서 노예제도를 금지하는 논란은 의회에서 더욱 격심해졌습니다. 1849년 15개의 북부주 중 뉴햄프셔주를 포함한 14개 주의 상원의원들이 서부의 새로 만들어진 영토에 윌멋 조항을 채택하는 데 동의했지만 남부주들은 모두 만약 그 조항을 법으로 채택한다면 연방을 탈퇴할 것이라고 위협했습니다. 그렇다고 해서 모든 남부인들이 노예제도가 새로운 서부 땅으로 확대되어 이익을 볼 수 있을 것이라 생각하지 않았지만 그럼에도 남부인들 대부분은 윌멋 조항이 그들의 명예와 평등권에 손상을 주는 참을 수 없는 위반행위라고 생각했습니다. 따라서 윌멋 조항은 노예제도에 대한 지역적 관심을 노예제도의 서부로의 확장이라는 새로운 관점으로 부각시켰고 그것은 위험천만한 지역적 갈등을 낳게 했습니다.

1848년 선거

하지만 1848년 대통령 선거가 다가오자 정치상황이 강한 소용돌이 속으로 휘말렸습니다. 휘그당뿐만 아니라 민주당도 노예제도 찬성파와 노예제도 반대파로 갈리어 심하게 분열되기 시작했습니다. 그들은 선거에서 승리 하기 위해 남과 북에서 동시에 어필할 수 있는 적절한 후보를 찾는 데 온 힘을 쏟았습니다. 후보를 선정하는 전당대회에서 치열한 경쟁을 치른 후 민주당은 대통령 후보로 온건파 미시건주 상원의원인 루이스 캐스Lewis Cass를 지명했습니다. 캐스는 연방을 파괴하는 위협을 피할 수 있는 타협안을 제시하고 있었고 피어스 역시 캐스의 생각에 동의했습니다. 적어도 피어스는 1852년 대통령이 되기 전까지는 노예제도를 찬성하는 자신의 친남부적인 성향을 노골적으로 드러내지 않았습니다.

휘그당은 멕시코전쟁의 영웅인 재커리 테일러Zachary Taylor 장군을 후보로 임명했습니다. 1784년에 태어난 그는 일찍부터 군대에서 뼈가 굵었고 멕시코와의 전쟁을 비롯한 19세기 전반기에 있었던 대부분의 전쟁에 참가했습니다. 그는 격식을 차리지 않는 생활습관 때문에 부하들로부터 '투박하지만 꼼꼼한 늙은이Old Rough-and-Ready'라는 별명을 얻었습니다. 테일러는 대통령 선거는 물론 선출직 선거에도 나가 본적이 없는 순수한 군인이었지만 멕시코전쟁에서 국민적 영웅이 되었다는 이유로 휘그당 대통령 후보가 되었습니다. 테일러는 버지니아주에서 탄생했지만 켄터키주에서 성장했고 루이지애나주와 미시시피주에 거대한 농장과 많은 노예들을 소유하고 있었습니다. 휘그당이 노예를 소유하고 있었던 테일러를 대통령 후보로 선출한 것은 대통령 선거에서 남부 표를 의식해서였습니다. 하지만 그럼에도 혹시 테일러가 노골적으로 노예제도를 지지하지 않을까 걱정한 휘그당 북부세력들은 북부 출신인 뉴욕의 밀라드 필모어Millard Fillmore를 부통령 후보로 지명할 것을 주장했습니다.

윌멋 조항에 대한 지역적 갈등이 첨예하게 대립하는 가운데 치러지는 대통령 선거에서 두 당민주당, 휘그당은 모두 선거에서 노예제도가 쟁점이 되지 않도록 가능한 한 이에 대한 말을 하지 않거나 적게 말하는 전략을 구상했습니다. 그래야만 남과 북으로부터 동시에 지지를 얻을 수 있기 때문이었습니다. 하지만 이러한 전략은 두 당 모두에게 전혀 예상치 못한 결과를 낳았습니다. 휘그당뿐만 아니라 민주당도 노예제도를 반대하고 있었던 사람들은 선거의 핵심쟁점노예제도문제이 두 정당에 의해 무시되고 있는 것에 분노했습니다. 곧바로 그들은 당을 탈당하여 그들만의 노예제도 반대 정당인 자유토지당Free-Soil Party을 새롭게 만들었습니다. 그들의 주요 강령은 새로운 준주에서는 어떠한 노예제도도 불법화되어야 한다는 것이었습니다.

그들은 대통령 후보로 전직 대통령 마틴 밴 뷰런을 지명했습니다.

선거는 캐스와 테일러 사이의 막상막하였습니다. 프랭클린 피어스의 노력으로 북부의 뉴햄프셔주에서는 캐스가 승리했지만 자유토지당 후보가 여러 북부주에서 강력한 지지를 받았습니다. 그 결과 자유토지당과 밴 뷰런의 선전은 선거에 큰 영향을 주었습니다. 이전까지만 하더라도 대부분의 일반투표와 선거인단 투표에서 민주당을 지지하고 있었던 뉴욕주가 이번에는 밴 뷰런을 지지했습니다. 뷰런이 민주당의 캐스 표를 가져간 덕분에 테일러와 휘그당이 뉴욕에서 승리를 할 수 있었고 그 결과 테일러가 대통령이 될 수 있었습니다.

선거 내내 어느 정당도 멕시코로부터 얻은 새로운 영토에서 노예제도를 어떻게 할 것인가를 놓고 전개되고 있었던 지역 갈등문제를 해결하고자 하는 의지를 보이지 않았습니다. 특히 당시 자발적으로 공직과 정치로부터 떨어져 있었던 프랭클린 피어스는 대통령 선거는 물론이고 노예제도를 둘러싼 갈등문제를 그저 먼발치에서 바라보고만 있었습니다. 결국 피어스가 1852년 민주당 전당대회에서 대통령 후보로 최종 낙점된 것은 그가 새로운 준주의 노예제도문제에 휩싸이지 않고 멀리 떨어져 있었기 때문이라고 이해할 수 있습니다.

1850년 타협

남부인들은 남부에 대농장을 가지고 있고 또 많은 노예를 소유하고 있었던 테일러가 대통령이 되는 데 적지 않은 기여를 했습니다.[35] 테일러가 남부 편을 들어 줄 것이라 믿었기 때문이었습니다. 하지만 대통령이 된 테일러의 행동에 남부인들은 놀랄 수밖에 없었습니다. 테일러가 다양한 경로를 통하여 캘리포니아와 뉴멕시코의 거주자들로 하여금 자신들의 헌법을 만들어 즉시 자유주로 연방에 가입하도록 주선했기 때문이었습니다. 캘리포니아는 헌법을 만들어 자신의 땅에는 노예제도가 만들어질 수 없음을 천명하고 연방 가입을 신청했습니다. 하지만 뉴멕시코는 헌법을 만들지 못했습니다. 제31차 의회가 개원되었을 때 테일러는 캘리포니아를 자유주로 연방에 가입시켜 줄 것을 요구했지만 뉴멕시코를 비롯한 다른 새로운 영토에 대해서는 아무런 조치를 취하지 않았습니다.

---

35 The United States Presidential Election of 1848.

남부인들은 잘못하면 새로운 영토에 노예제도가 자리를 잡지 못할 것이라 생각했고 만약 그렇게 된다면 그들은 연방으로부터 탈퇴를 할 것이라 화를 내며 위협했습니다.

대통령 테일러가 주도한 캘리포니아와 뉴멕시코의 연방 가입 문제를 두고 아무런 결정을 내리지 못한 채 격렬한 논쟁과 갈등만 계속된 지 1년이 넘어가고 있었습니다. 결국 문제는 연방 상원으로 옮겨 갔습니다. 1820년[36]과 1833년[37]에 남과 북의 갈등에 타협안을 제시하여 갈등을 해소시킨 원로 정치가 헨리 클레이가 다시 한번 또 하나의 타협안을 제시했습니다.

하나. 캘리포니아는 자유주로 연방에 가입한다.

둘. 유타와 뉴멕시코는 준주 정부를 만들어 노예주가 될 것인지 자유주가 될 것인지는 윌멋 조항에 따르는 것이 아니라 민주적인 '주민주권popular sovereignty'의 원리에 따라 결정

36 이른바 '미주리 타협'으로 미주리를 노예주로 하는 대신 메인 주를 자유주로하여 연방에 가입하고, 이후부터 북위 36도 30분 이북에는 노예제도가 영구적으로 만들어질 수 없다는 타협안을 말합니다.

37 1828년에 만들어진 관세법은 고율의 관세로 사우스캐롤라이나주를 비롯하여 주로 남부주들에게 직접적인 피해를 주었습니다. 이에 사우스캐롤라이나를 대표하는 존 캘훈이 주도하여 만약 이 관세법을 철회하지 않으면 연방을 탈퇴할 것이라 주장했고 이때 클레이가 나서서 캘훈과 타협함으로써 관세를 적절하게 낮추어 갈등을 해소시켰습니다.

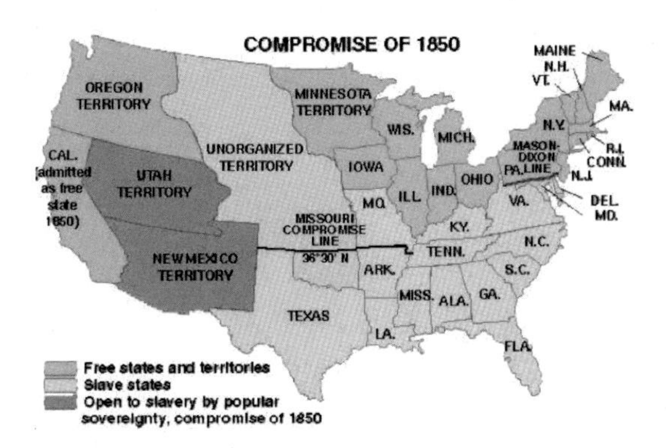

1850년 타협

한다.

셋. 텍사스는 산타페지역을 포함하여 리오그란데강 동쪽 대부분의 지역을 뉴멕시코에 양보하고 그 대신 연방 정부는 텍사스의 부채를 책임진다.

넷. 수도 워싱턴의 컬럼비아 자치구에서는 공직적인 노예 무역을 금지한다. 그러나 노예제도는 여전히 남아 있다.

다섯. 연방 공무원이 북부에 있는 도망노예를 체포하여 그들을 원래 남부의 주인에게 돌려보내는 새로운 강력한 법

도망노예법을 시행한다.[38]

노정객老政客 클레이는 노예제도를 반대하는 북부인들을 달래기 위해 캘리포니아를 자유주로 인정하고 오랫동안 그들의 소원이었던 컬럼비아 자치구에서 노예무역을 금지하는 조항을 제시했습니다. 또한 그는 노예제도를 찬성하는 남부인들을 달래기 위해 '도망노예법Fugitive Slave Act'을 만들어 강력하게 시행한다는 조항을 제시했습니다.

하지만 클레이의 제안에도 갈등과 논쟁은 아무런 성과도 내지 못하고 몇 달 동안이나 지속되었습니다. 대통령 테일러는 클레이의 타협안을 찬성하기보다 자신의 안을 새로 제시할 것이라 주장했지만 이렇다 할 방안을 내놓지 못했습니다. 그런 중에 노예제도의 확대를 반대해 온 매사추세츠주 상원의원인 대니얼 웹스터가 상원에서 연방을 구하기 위해 클레이의 타협안을 받아들이도록 진정어린 호소를 했습니다. 그럼에도 타협안은 이해집단 간의 갈등만 증폭시켰을 뿐 아무런 진전이 없는 상태로 남아 있었습니다. 특히 새롭게 확보한 영토의 노예제도 확대 여부를 놓고 지역 간 혹은 정치세력 간의 서로 다른 의견 차이로 인하여 문제는 더욱 복잡하게 뒤엉켜 갔습니

38 The Compromise of 1850.

다. 대체로 휘그당 북부인 다수와 자유토지당원들은 도망 노예법 조항은 물론 윌멋 조항을 적용하지 않은 것에 대해 크게 반발했습니다. 반면 민주당 남부인 다수는 캘리포니아를 자유주로 하고 텍사스의 영토를 줄이는 문제는 노예소유자들의 권리에 대한 말도 안 되는 모욕행위라고 여겼습니다. 하지만 타협안은 단순히 지역 간의 의견 차이로 갈등이 증폭되는 데에서 그치지 않았고 크고 작은 정치세력 간의 의견 차이로 뒤엉켜 더욱 복잡한 결과를 낳았습니다. 다음에 있는 표는 1850년 타협안을 놓고 지역 간 혹은 정치세력 간의 의견 차이가 얼마나 격심했는지를 잘 보여 주고 있습니다.

그런데 1850년 7월에 갑자기 타협안에 대한 격론이 멈추었습니다. 테일러 대통령이 7월 4일 독립기념행사에 참가하여 체리를 먹고 주스를 마신 후 위장질환을 앓다가 5일 후에 고통스럽게 사망했습니다.[39] 부통령 밀라드 필모어가 테일러의 잔여 임기 동안 대통령이 되었습니다.

39 대니얼 웹스터는 만약 테일러가 살아 있었더라면 타협안이 의회를 통과했더라도 대통령이 거부권을 행사했을 것이라고 주장했습니다. 대통령은 연방을 유지하는 것이 최대의 임무임에도 불구하고 사실 테일러는 어느 정도 남부 편을 들고 있었습니다. 만약 그랬다면 남북전쟁이 보다 빨리 일어났을 수도 있었던 것으로 생각됩니다. William J. Ridings, Jr. and Stuart B. McIver, *Rating the Presidents*, 김형곤 옮김, 『위대한 대통령 끔찍한 대통령』(서울: 한언, 2000), 138.

1850년 타협안에 대한 지역 간, 정치 세력 간의 의견 차이

지역	정당	소·다수	찬·반
북부	민주당	소수	반대
		다수	찬성
	휘그당	소수	찬성
		다수	반대
남부	민주당	소수	찬성
		다수	반대
	휘그당	소수	반대
		다수	찬성

Holt, *Franklin Pierce*, pp. 35-37 정리.

사실 1850년 타협안은 타결되지 않을 운명이었습니다. 타협안을 제시한 클레이가 나이가 들고 병이 들어 워싱턴을 떠나 있었습니다. 또한 타협안을 강하게 지지하고 있었던 대니얼 웹스터가 국무장관이 되기 위해 상원의원을 사임한 상태에 있었습니다. 새로운 대통령과 국무장관은 도망노예법 때문에 강력한 반대를 하고 있었던 북부 휘그당원을 연방 할당금을 미끼로 타협안에 찬성하도록 설득했습니다. 그런데 타협안은 전혀 예상치 못했을 뿐만 아니라 어울리지도 않는 두 사람으로부터 실마리가 풀렸습니다. 휘그당 출신의 대통령 밀라드 필모어와 미래의 대통령을 꿈꾸고 있었던 북부 민주당의 기수로 일리노이주 연

스티픈 더글러스

방 상원의원인 스티픈 더글러스Stephen Douglas가 연방을 구하기 위해 어쨌든 타협안을 통과시키기로 합의를 보았습니다.

특히 두 사람은 타협안이 노예제도를 둘러싼 광포한 논쟁을 끝낼 수 있는 최선의 방안이고 이것으로 미국이 전체 연방이 평화롭게 유지될 것이라 확신했습니다. 더글러스는 5개가 하나의 법안으로 꾸려진 타협안에 새로운 전략을 구상했습니다. 그는 타협안을 각각의 5개의 법안으로 분리하여 의회에 상정하도록 했습니다. 그리고 각각의 법안 타결에 유리한 세력과 불리한 세력을 따로 만나 그들을 설득했습니다. 드디어 1850년 9월 적지 않은 반대가 있었지만 그럼에도 5개 법안 모두가 법으로 통과되었고 대통령 필모어가 서명했습니다. 타협안의 지지자들은 해군 밴드의 연주와 100발의 예포를 동원하여 법안 통과를 축하했습니다.

두 정당 간에 나타난 다소 이상한 타협은 1850년과 1851년 사이에 치러진 주 단위의 선거에서도 마찬가지였습니다. 뉴햄프셔주를 포함한 북부에 있는 모든 주는 연방을 구하기 위해 민주당이 타협안을 강력히 찬성해야 한다고 주장했습니다. 프랭클린 피어스의 주선으로 1850년 12월에 콩코드에서 열린 친 연방 집회에서 피어스는 강력하고 오래 기억될 만한 연설을 통해 타협안을 찬성했으며 "연방, 영원한 연방"을 위한 자신의 끝없는 헌신을 강조했습니다. 같은 달 민주당 주지사 후보였던 존 애트우드John Atwood가 도망노예법을 비난하는 글을 공개했을 때 피어스는 뉴햄프셔주 민주당 전당대회를 특별소집하여 애트우드를 끝내 추방시켰습니다. 피어스는 타협안에 대한 토론은 참여하지 않았지만 그것이 노예제도를 둘러싼 갈등을 끝낼 수 있을 것이라 여겼습니다. 그는 새롭게 만들어진 주가 노예제도를 반대할 수도 있지만 한편으로 도망노예법을 통해 노예소유자들의 권리를 인정했다고 생각했습니다.

하지만 타협안에 대한 피어스의 긍정적인 생각도 타협안 통과에 대한 축하의 분위기도 그렇게 오래 지속되지 않았습니다. 시간이 지나면서 남과 북은 정당을 초월하여 자신의 입장을 강조하며 타협안을 증오하기 시작했습니다.

타협안이 통과되기 전에 이미 그렇게 되리라는 것이 분명했지만 이제 와서 남부인들은 그들이 캘리포니아를 자유주로 인정함으로써 연방 상원의 통제권을 상실할 수 있다는 데 분노했습니다. 주로 승격된 캘리포니아가 첫 선거를 통해 두 명의 상원의원을 선출함으로써 지금까지 유지되어 왔던 자유주 30명 대 노예주 30명의 균형이 깨지고 이제 자유주 32명 대 노예주 30명의 상태가 되자 더더욱 그러했습니다. 만약 더 많은 서부의 영토들이 자유주가 된다면 그들은 당연히 노예제도를 반대하는 상원의원과 하원의원을 선출하게 될 것이고 그렇게 되면 오래 지나지 않아 의회가 노예제도를 철저히 억제하거나 완전히 없앨 것이라 여겼습니다.

북부에서도 타협안이 통과되기 전에 그렇게 되리라는 것이 분명했지만 이제 와서 그들은 북부주에서 도망노예를 돕는 사람이면 누구라도 연방법을 위반하는 범죄자로 만들어 버리는 도망노예법에 분노했습니다. 북부의 사람들은 이미 수년 동안 자유 시민으로 살고 있었던 사람도

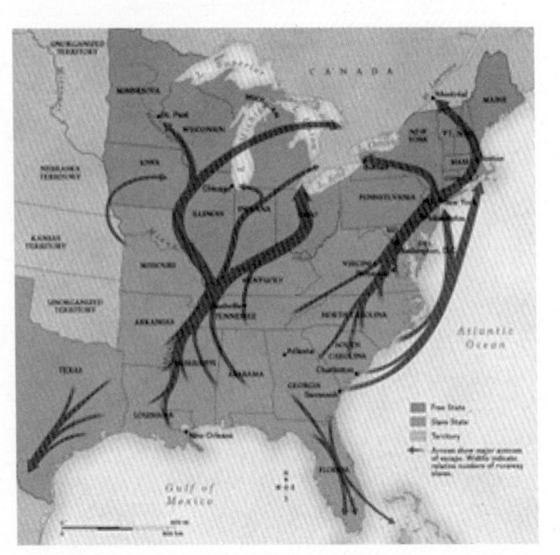

지하철도

아프리카계 미국인이면 체포될 수 있다는 것에 더욱 분노했습니다. 일단 체포되면 아프리카계 미국인은 재판을 받을 권리도 없으며 자신을 변호할 수도 없게 되었습니다. 법을 집행하는 연방 공무원은 도망노예를 체포하여 원래 주인에게 돌려주면 한 사람당 10달러의 보상을 받게 되어 있었습니다. 만약 공무원이 도망친 노예인 줄을 알면서도 그를 체포하지 않는다면 천 달러의 벌금을 내야 했습니다. 또한 공무원은 도망노예로 의심되면 무조건 체포해야만 했습니다. 공무원뿐만 아니라 일반인도 도망노예에게 음

터브먼과 지하철도를 탄 사람들

식과 피난처를 제공하다 체포되면 누구든지 6개월의 징역을 선고받고 천 달러의 벌금을 내야 했습니다. 심지어 도망노예를 붙잡은 군인이나 공무원은 대가로 승진이나 보너스를 받을 수 있었습니다.[40]

북부지역의 여러 도시에서 도망노예법에 분노한 폭도들이 아프리카계 미국인들이 체포되어 있는 감옥을 공격하여 그들을 구해 내고 종종 이 증오스러운 법의 관할이 미치지 않는 캐나다로 도망을 갈 수 있도록 돕기도 했습

40 Fugitive Slave Act of 1850.

니다. 어떤 주는 체포된 노예가 남부의 주인에게 돌려지기 전에 재판을 받아야만 하는 법을 통과시켰습니다. 뿐만 아니라 북부의 수많은 일반 사람들까지도 도망노예법을 위반하여 벌금과 징역의 위협을 무릅쓰고 노예들이 북부지역을 통과해 캐나다로 도망갈 수 있도록 도움을 주었습니다. 노예들이 도망을 가는 데 도움을 주는 '지하철도Underground Railroad'라는 비밀 조직망이 북부 여러 곳에서 은밀하게 운영되었습니다.[41]

---

41 지하철도(Underground Railroad)는 '철도'라고 해서 혹시 기차와 관련이 있는 것인가 생각할 수 있지만 이 용어에서 기차는 없습니다. 이 말은 노예제도 반대 활동가들이 노예들이 그들의 남부주인으로부터 도망쳐서 캐나다에서 자유를 획득할 수 있도록 돕는 과정으로부터 나온 말입니다. 도망노예법에 의하면 도망치는 노예를 돕는 행위는 범죄이기 때문에 그들을 돕는 사람들은 도망치는 노예를 '승객(passenger)'으로 불렀습니다. 도망노예들이 안전하게 숨을 수 있고 또 먹을 것을 제공받을 수 있는 북부와 캐나다로 오늘 길에 있는 안전한 집은 '역(station)'으로 불렀습니다. 그리고 도망노예들의 여행을 계획하고 돕는 사람들은 '차장'으로 불렀습니다.
지하철도의 승객들은 밤에 이동했습니다. 그들은 항상 걸어서 농장과 들판과 숲을 가로질러 이동했고 운이 좋으면 말과 보트를 이용하기도 했습니다. 그들은 길가에 있는 역을 찾는데 특별한 신호 – 랜턴이나 불빛이 비치는 창문 – 를 따라 움직였습니다.
지하철도는 이미 1830년대 초에 운영되기 시작했지만 1850년의 도망노예법이 통과된 이후 급속도로 발전했습니다. 승객들의 수는 빠르게 증가했고 더 많은 북부인들이 기꺼이 도움을 주었습니다. 얼마나 많은 노예들이 지하철도를 이용하여 자유로 향하는 길을 갔는지 정확히 알 수는 없지만 대략 4만 명에서 10만 명 정도로 추측하고 있습니다. 북부인들 소수만이 도망노예들이 도망을 칠 수 있도록 직접적인 도움을 주었지만 그럼에도 도망노예법에 분노하고 있었던 대부분의 북부인들은 그

1852년 선거

도망노예법이 북부에서 크게 비난을 받고 있었지만 필모어는 대통령으로서 권한을 이용하여 그 집행을 위해 온 힘을 다했습니다. 심지어 그는 도망노예법을 위반하는 지역에 연방 군대를 파견해서 조사하도록 했습니다. 하지만 큰 효과는 없었습니다. 이 법의 집행에 대한 분노가 커져감에 따라 필모어의 인기는 크게 하락했습니다. 다가오는 1852년 대통령 선거에서 그가 휘그당 대통령 후보가

들이 도망을 갈 수 있도록 코고 작은 도움을 주었고 정부공무원들의 활동을 방해했습니다.
아마도 가장 유명한 차장은 해리엇 터브먼(Harriet Tubman)이었을 것입니다. 그녀 자신도 메릴랜드주의 주인으로부터 북부로 도망친 노예였습니다. 터브먼은 비밀리에 남부를 19차례나 오고갔습니다. 매번 그녀는 체포되어 다시 주인에게도 돌려질 수 있는 위협을 무릅썼습니다. 그녀는 자신의 부모를 포함하여 무려 300명의 다른 노예들이 도망을 칠 수 있도록 도왔습니다. 그녀는 노예들 사이에서 가장 사랑받는 인물 중 한 사람이 되었습니다. 도망친 노예들은 그녀가 노예들을 자유가 약속받은 땅으로 이끌었기 때문에 그녀를 '모세(Moses)'라고 불었습니다. 남부인들은 그녀에게 4만 달러의 현상금을 걸었습니다. Kate C. Larson, *Bound For the Promised Land: Harriet Tubman, Portrait of an American Hero*(New York: One World, 2004) 참조.

되지 못할 것이 분명했습니다. 대통령의 인기가 하락했다고 해서 1850년 타협안을 놓고 심하게 분리된 휘그당 북부세력과 남부세력은 특별한 후보를 찾지도 못하고 있었습니다. 뿐만 아니라 휘그당은 지난 선거와 마찬가지로 이렇다 할 선거 강령도 찾지 못하고 있었습니다. 때마침 캘리포니아 금광발견과 영국인의 투자증대로 온 경제적 붐이 일어났지만 당시 경제문제는 사람들의 시선을 전혀 끌지 못하고 있었습니다.

1850년 타협안에 대해 민주당 역시 남과 북의 분열이 있었지만 휘그당 같지는 않았습니다. 타협안을 막지 못한 이유로 휘그당의 분열이 격심한 가운데 1852년 선거는 민주당의 승리가 분명해 보였습니다. 그런 만큼 민주당의 대통령 후보는 그 어느 때보다 많았습니다. 1850년 말부터 1852년 6월 메릴랜드주 볼티모어에서 열린 전당대회까지 민주당은 대통령이 되고자 하는 후보가 난립했습니다. 1848년 대통령 선거에서 민주당 부통령 후보인 켄터키주의 윌리엄 버틀러William O. Butler, 뉴햄프셔주 출신의 대법원 판사 리바이 우드베리, 텍사스주 상원의원 샘 휴스턴Sam Huston, 위스콘신주 상원의원 헨리 닷지Henry Dodge, 뉴욕주에서 연방 상원의원을 지냈던 대니얼 디킨슨Daniel Dickinson, 마찬가지로 뉴욕주에서 연방 하원의원을 지냈던 헨리 머피Henry C. Murphy, 포크 대통령 때 전쟁장관이었던 뉴욕주의 윌리엄 마시William Marcy, 1848년 민주당 대통령 후보였던 루이스 캐스, 포크 대통령 때 국무장관으로 남부 민주당원들이 특히 좋아하고 있었던 제임스 뷰캐넌James Buchanan, 그리고 1850년 타협안을 성공적으로 이끈 일리노이주 상원의원 스티픈 더글러스 등이었습니다. 하지만 디킨슨은 일찌감치 캐스를 지지하며 후보 경쟁에서 사퇴하고 버틀러, 휴스턴, 닷지 등도 얼마간 경쟁을 하다가 중도 하차했습니다. 실재로 민주당 후보 경쟁의 주요 인물들은 캐스, 뷰캐넌, 마시, 더글러스였습니다.

그중 더글러스는 '젊은 미국Young America'으로 알려진 젊은 세대들이 가장 좋아하는 민주당 후보였습니다. 그들은 공개적으로 캐스, 뷰캐넌, 마시와 같은 인물은 이제 '늙고 구식인 고집쟁이'에 지나지 않는다고 주장하면서 이제 '젊은 피, 젊은 생각, 젊은 마음'으로 바꿀 것을 요구했습니다.[42] 말할 필요도 없이 더글러스 지지세력의 무절제한 말과 잘난 척하는 태도는 다른 후보들을 지지하는 사람들의 마음을 돌려놓게 만들었습니다. 캐스는 캐스대로 뷰캐넌은 뷰캐넌대로 또 마시는 마시대로 서로 자신의 우

[42] Holt, *Franklin Pierce*, 39 재인용.

위를 장담하는 가운데 민주당 전국 전당대회가 열리는 1852년 여름에는 그들 모두가 서로에게 원한에 사무친 상태가 되어 있었습니다. 이들 중 누구도 대통령 후보 지명에 필요한 대의원 ⅔를 확보하지 못할 것으로 여겨졌습니다.

1850년 타협안이 끝나고 지역적인 차원에서 차기 대통령 후보를 거론할 당시 프랭클린 피어스는 뉴햄프셔주의 민주당 정치보스로 상당한 영향력을 가지고 있었지만 전국적인 차원에서는 거의 알려지지 않은 인물이었습니다. 피어스 역시 뉴햄프셔주를 대표하는 후보 - 피어스의 법률 공부를 도와주고 연방 상원의원이 된 후 당시는 연방 대법원 판사였던 리바이 우드베리 - 가 있었기 때문에 내심 대통령 출마에 마음이 있었지만 드러내지 않고 있었습니다. 그런데 우드베리가 1851년 9월에 사망하자 프랭클린 피어스는 즉시 뉴햄프셔주에서 가장 인기 있는 후보자의 자리로 올라갔습니다. 1852년 2월 사실상 프랭클린 피어스에 의해 주도되다시피 한 뉴햄프셔주 민주당 전당대회는 피어스의 대통령 자격을 극찬하면서 그의 이름은 전국 민주당 전당대회에 등장하는 여러 명사들 중 최고 높은 자리에 있을 수 있는 충분 조건을 갖추고 있다고 주장했습니다. 이 소리를 들은 아내 제인은 놀라지 않을 수가 없었습니다. 정치를 몹시도 싫어하고 특히 더이상 정치를 하지 않겠다고 한 자신의 약속을 믿는 아내를 의식한 피어스는 즉시 주 정당대회 의장인 찰스 애서튼Charles Atherton에게 다음과 같은 편지를 썼습니다.

> 볼티모어에서 열리는 민주당 전국 전당대회 이전에 그 어떤 행사에서도 내 이름이 거론된다면 그것은 나의 의지와 나의 바람과는 너무도 어긋날 것입니다.[43]

피어스는 이 편지를 지역 신문인 <뉴햄프셔 패트리어트New Hampshire Patriot>에 실리게 했으며 그 신문사가 다음과 같은 기사를 내도록 주선했습니다.

> 우리는 … 철저하게 그피어스의 이름의 사용을 금지하고 또 그가 속해 있는 거대한 정당에 의해 이루어지는 지명을 거절할 것이라는 그의 편지를 이해할 수가 없습니다.[44]

볼티모어에서 전당대회가 열리기 전에 피어스의 영향

---

[43] Holt, *Franklin Pierce*, 39 재인용, 아내를 의식한 피어스의 이중적인 태도에서 나온 말이 분명했습니다.

[44] Holt, *Franklin Pierce*, 39-40 재인용, 피어스는 공개적인 언론을 통해 자신이 대통령 선거에 나갈 수 있는 충분한 자격이 된다는 점을 부각시키고자 했습니다.

력 아래 있었던 뉴햄프셔주 민주당 하원의원들이 워싱턴 정가에서 은밀히 한 말 - 사실 당 전당대회의 교착상태가 예상되는 바와 같이 계속된다면 피어스는 가장 이상적인 타협의 인물일 것이다. - 을 퍼트리기 시작했습니다. 뉴햄프셔주에서 피어스가 특별히 주선한 주 파견단피어스의 로비스트은 한때 피어스의 변호사사무실 직원이었던 시드니 웹스터Sidney Webster와 피어스의 오랜 친구 벤저민 프렌치가 주가 되어 워싱턴에서의 활동을 이끌었습니다. 곧 워싱턴에서 피어스를 홍보하는 활동에 또 다른 영향력 있는 인물들로 멕시코와의 전쟁에서 만난 친구들 - 칼렙 쿠싱, 토머스 시모어, 기드온 필로우[45] - 이 합세했는데 이들은 제각기 만약 피어스가 대통령 후보가 되면 자신이 러닝메이트가 될 것이라 생각했습니다.

하지만 피어스의 친구들로 구성된 로비스트들은 두 가지 어려움을 겪고 있었습니다. 하나는 피어스가 어느 연설에서 "도망노예법을 몹시도 싫어하고 그것을 비인간적이라고 했다"는 말이 워싱턴에서 나돌고 있다는 것이었습니다. 피어스가 이 말을 했는지는 알 수 없지만 진위를 떠나 이 말은 남부 민주당원들의 지지를 잃게 만들 수 있는 것이었

45 이들은 멕시코와의 전쟁에서 장교들로 피어스와 만나 친구가 되었으며 거의 대부분 민주당원으로 남북전쟁 때는 남부연합 장군으로 활동했습니다.

습니다. 이에 피어스의 친구들은 그동안 피어스가 헌법에 보장되어 있는 노예제도를 반대하는 것을 얼마나 강하게 비난해 왔는가를 부각시켰습니다. 특히 그들은 피어스가 노예제도를 반대하던 뉴햄프셔주 민주당 주지사 후보였던 존 애트우드를 방해하고 자신의 대학 친구였지만 민주당을 탈당하고 자유토지당에 가입하여 노예제도를 반대했던 존 해일의 활동에 적극적으로 반대한 것을 예로 들었습니다. 친구들의 주선으로 피어스는 전국 전당대회가 있기 전에 남부 민주당원들 앞에서 자신이 1850년 타협안과 특히 도망노예법을 얼마나 찬성하고 준수하는지를 이야기할 수 있는 기회를 가졌습니다.

다른 하나는 뉴햄프셔주 민주당 전당대회 의장인 찰스 애서튼에게 보낸 공식적인 편지에서 자신의 이름을 거론하지 말도록 한 것이었습니다. 하지만 전당대회가 다가오는 4월이 되자 아마도 피어스의 영향력이 크게 미치고 있었던 것으로 보이는 <뉴햄프셔 패트리어트>는 '이제 피어스가 자신의 이름을 전당대회에서 사용해도 된다고 했다'는 내용을 보도했습니다. 이 신문의 편집자인 벤저민 프렌치뉴햄프셔 출신으로 피어스의 오랜 친구와 에드문드 버커Edmund Burke는 '전당대회에서 피어스에게 좋은 결과를 가져오게 하는 최고의 전략은 볼티모어 전당대회에서 대통령 후보

지명을 위해 피어스의 이름을 거론하기 전에 네 명의 주요 후보캐스, 뷰캐넌, 더글러스, 마시가 서로의 표를 잠식하기를 기다리는 것'이라 주장했는데 피어스는 이에 적극적으로 동의했습니다.[46] 물론 피어스는 자신의 지지자들에게 아내 제인에게 말하지 않는다는 조건을 달았습니다.

드디어 민주당 전당대회가 6월 1일 수요일 볼티모어에서 개최되었고 다음 날 대통령 후보 지명을 위한 투표가 진행되었습니다. 하지만 전당대회에 참가한 대의원들은 목요일과 금요일까지 진행된 무려 34차례의 투표를 통해서도 후보 지명에 필요한 ⅔ 이상의 표를 확보하는 후보를 선정하지 못했습니다. 전반적으로 캐스가 초기의 선두를 달렸지만 차수를 거듭할수록 뷰캐넌, 더글러스, 마시 등이 시소게임을 했습니다. 그때까지 뉴햄프셔주 대의원들은 자신들의 표를 분산시키면서 어느 특정 후보가 ⅔를 획득하지 못하게 하는 데 주력했습니다. 물론 특정 후보가 지명되지 못한 이유는 뉴햄프셔주 대의원들이 자신들의 표를 분산시켜서라기보다 그들 스스로가 서로에게 양보할 마음이 전혀 없었기 때문이었습니다. 금요일 저녁에 뷰캐넌을 지지하고 있던 펜실베이니아 대의원들은 조

46 Holt, *Franklin Pierce*, 40 재인용.

지아주와 앨라배마주 대의원들과 연합하여 뷰캐넌에 대한 지지를 철회하고 노스캐롤라이나주와 미시시피주와 더불어 마시에게 표를 주었습니다.[47] 이렇게 되자 그 어떤 후보도 지명을 위한 대의원 수 ⅔를 넘지 못하는 상황이 계속되었습니다.

결국 볼티모어 전당대회에 참가한 대의원들은 교착상태에 빠진 민주당 대통령 후보를 지명하는 문제를 해결하고자 했습니다. 그들은 지금까지 고려 대상이 되지 않았던 신선한 후보인 '다크호스dark horse'[48]를 찾고자 했습니다. 지난 4월 프렌치와 버크가 예언했던 순간이 다가왔습

---

47 34차 투표까지 평균 90표 이상을 받고 있었던 뷰캐넌은 35차 투표 이후부터 평균 30표를 획득했습니다. 반면 마시는 평균 30표에 지나지 않던 것이 매 투표마다 평균 90표를 획득했습니다.

48 '다크호스' 후보는 당원들이 투표를 통해 어떤 후보를 뽑을 때 이미 잘 알려진 정치인들 사이에서 최적의 후보를 선출하지 못할 때 잘 알려지지 않은 정치인으로 갑자기 부각한 후보를 지칭하는 말입니다. 미국 대통령 후보 중 최초의 다크호스 후보는 제임스 포커로 그는 잘 알려지지 않은 정치인으로 지난 1844년 민주당 대통령 후보로 지명되어 대통령에 당선되었습니다. 선거운동 기간 상대 정당인 휘그당과 휘그당 후보 헨리 클레이는 "도대체 제임스 포커가 누구야?"라고 외쳤습니다. 이 '다크호스'라는 용어는 경마장에서 주로 쓰이는 속어에서 유래했습니다. 아주 재능 있고 유능한 경주마의 주인은 때때로 자신의 말을 검정색으로 물을 들려 다른 이름으로 경주에 출정시키는 일이 일어나곤 합니다. 그리고 모르는 척 하면서 그 말의 주인은 그 물들인 알려지지 않은 말에 큰 돈을 걸고 승리를 통해 많은 이익을 보게 됩니다. 그래서 경주 팬들은 잘 알려지지 않은 검은색 말이 갑자기 최고의 성적으로 경주를 이긴다는 것을 알고 있습니다.

니다. 표가 더욱 분산되는 가운데 피어스의 친구인 벤저민 프렌치와 칼렙 쿠싱에 의해 강하게 로비를 받은 버지니아주의 대의원인 헨리 와이즈Henry Wise가 주도하는 버지니아주와 메인 주 대의원들은 뉴햄프셔주 대의원들과 함께 제35차 투표에서 프랭클린 피어스를 후보로 추천하여 15표를 만들어 주었습니다. 피어스가 다크호스 후보로 선정된 것은 이미 피어스의 친구들에 의해 철저하게 계산된 상황이었지만 여기에 더하여 그가 잘생긴 외모를 가지고 있었으며 말도 잘하고 두루두루 우호적인 관계를 맺고 있었기 때문이었습니다. 무엇보다도 당시 최대의 현안 문제였던 노예제도에 대한 그의 견해가 확연하게 드러나 있지 않았다는 점이 본선에서 유리하게 작용했기 때문입니다.

투표 과정에서 피어스가 지명 경쟁에 들어오게 되었을 때 그는 전당대회에 참가하지 않고 있었기 때문에 지명을 거절할 수가 없었습니다. 투표가 계속되는 만큼 교착상태도 계속되었습니다. 하지만 제46차 투표 때 켄터키주 대의원들이 피어스를 지지하자 쏠림 현상이 일어나기 시작했고 전당대회에 참가한 지치고 지친 다른 대의원들도 피어스가 완벽한 타협 후보라는 점을 인정했습니다. 피어스는 잘생기고, 매력적이며, 무엇보다 최근 멕시코와의 전쟁에서 용감히 싸운 전쟁 유공자였습니다. 뿐만 아니라 피어스는 지난 10년 동안 워싱턴의 정치로부터 떨어져서 조용히 변호사 일에만 충실했기 때문에 노예제도를 둘러싼 문제로부터 이렇다 할 흠집이 없다는 큰 장점이 있었습니다. 당시까지만 해도 피어스가 노예제도에 대해 어떤 견해를 가지고 있는지 잘 알려지지 않은 상태였으므로 반대표를 받을 가능성이 적었습니다. 여러 주의 대의원들이 피어스를 지지하는 가운데 마지막 제49차 투표를 앞두고 펜실베이니아주의 뷰캐넌이 자신의 강력한 동지이자 친구인 앨라배마주의 윌리엄 킹William King을 부통령 후보로 한다는 조건으로 피어스를 지지하면서 피어스는 총 282표를 얻어 지명에 필요한 ⅔를 획득하여 민주당 대통령 후보가 되었습니다.[49]

피어스는 비록 워싱턴의 중앙 정치무대는 떠나 있었지만 그동안에도 뉴햄프셔주에서 민주당 정치보스로 확고한 지위를 확보하고 있었습니다. 피어스는 그의 친구들을 물론 주 대의원들과 사전에 합의를 통해 전국 전당대회에 가지 않기로 했습니다. 민주당 전당대회가 열리는 동안 피어스는 아내 제인과 함께 볼티모어에서 가까운 보스턴을

49 https://en.wikipedia.org/wiki/1852_Democratic_National_Convention (2018. 6. 20)

여행하고 있었습니다. 토요일 밤 그들이 보스턴 시내 캠브리지지역을 여행하고 돌아오는 길에 말을 타고 급한 소식을 가지고 온 한 사람을 만났습니다. 그는 피어스가 민주당 대통령 후보로 지명되었다는 소식을 전달했습니다. 피어스는 놀라는 척했지만 제인은 그 자리에서 졸도를 했습니다. 피어스는 아내와 이제 막 11살이 된 유일한 아들 벤저민에게 다시는 공직에 출마하지 않을 것이라 약속했기 때문에 제인은 그것을 철석같이 믿고 있었습니다. 늘 아버지의 정치활동 재개를 걱정하던 어머니를 보고 어린 벤저민은 "저도 아버지가 공직에 나가기를 원하지 않습니다"라고 말했습니다.[50] 가족들의 반응에 어떤 곤란을 겪었을지는 모르지만 피어스는 가족들의 소망과는 달리 내심 기뻐하며 지명을 받아들였습니다.

피어스가 민주당 후보로 결정되자 그를 중심으로 민주당은 단결했습니다. 1850년 타협안을 강하게 반대했던 남부 민주당원들은 도망노예법을 충실하게 지키고 노예제도를 보장하고 있는 헌법을 수정하지 않겠다는 당의 강령과 피어스의 맹서를 기분 좋게 수용했습니다. 북부 민주당원들은 피어스를 달갑게 여기지 않았지만 경선에 참

---

[50] DiConsiglio, *Franklin Pierce*, 50 재인용.

여했던 캐스, 뷰캐넌, 마시, 더글러스가 모두 피어스를 지지하자 더이상 반대 의견을 낼 수가 없었습니다.

피어스의 대통령 후보 지명에 대한 휘그당의 반응은 예상대로 전혀 호의적이지 않았습니다. 남부지역 휘그당 언론들은 피어스를 '무명의 알려지지 않은 인물'이라 무시했습니다. 필라델피아에서 발행되는 한 언론은 피어스가 의원으로 있을 때 교통망 개량사업이 법안으로 제기될 때마다 반대했다는 것을 지적하면서 중서부지역 민주당원들을 이간질시키고자 했습니다. 휘그당 계열의 신문인 <보스턴 아틀라스Boston Atlas>는 피어스가 대통령 후보로 지명된 이유는 '그가 남부의 요구에 철저하게 비열할 정도로 헌신한 결과'라고 주장하면서 '지금까지 피어스만큼 철저하게 도우페이스doughface, 북부 출신임에도 남부의 노예제를 무조건 용인하는 자가 된 사람은 결코 없었다'고 썼습니다.[51]

민주당이 전당대회를 마치고 2주 후인 6월 13일 휘그당은 전국 전당대회를 위해 필라델피아에 모였습니다. 하지만 1852년의 휘그당은 어느 때보다 철저하게 지역적으로 분리되어 있었습니다. 현직 대통령 밀라드 필모어가 휘그당 후보 경선에 나섰지만 1850년 타협안을 적극 추진

---

51 Holt, *Franklin Pierce*, 43-44 재인용.

한 것 때문에 북부 휘그당 다수는 그를 대통령 후보로 고려하지 않았습니다. 반면 휘그당 남부세력들은 북부세력이 밀고 있는 - 멕시코전쟁 영웅이지만 1850년 타협안에 대해 침묵을 지키고 있었던 - 윈필드 스콧에 대한 지지를 주저했습니다. 그들은 전당대회 전에 스콧이 1850년 타협안을, 특히 도망노예법을 충실히 준수할 것이라 맹세하지 않는다면 결코 지지하지 않을 것이라 주장했습니다. 논란이 있었지만 스콧을 지지하고 있었던 북부세력들은 남부세력들의 요구를 받아들이지 않기로 결정했습니다. 결국 필모어와 또 다른 경선 후보 대니얼 웹스터의 지지자들은 1850년 타협안을 강하게 지지했지만 상대 후보에게 양보하기를 거절했습니다. 투표가 계속되었지만 지명을 위한 ⅔의 대의원 표를 확보하는 후보는 아무도 없었습니다. 팽팽한 대치 속에 결국 52차례의 투표 끝에 친남부 성향이 있는 노스캐롤라이나주의 윌리엄 그레이엄 William Graham을 부통령 후보로 정하자 스콧이 후보로 지명될 수 있었습니다. 하지만 즉시 남부 출신의 휘그당 의원들과 대의원들은 노골적으로 스콧을 지지할 수 없다고 주장했습니다. 이는 스콧이 미국 최남부 지방 Deep South: 사우스캐롤라이나, 플로리다, 미시시피, 앨라배마, 조지아, 아칸소, 루이지애나 등에서 지지를 받지 못한다는 것을 의미했습니다. 이에 휘그당

호레이스 그릴리

북부세력을 지지하고 있던 강력한 신문 <뉴욕 트리뷴New York Tribune>의 편집자인 호레이스 그릴리Horace Greeley는 휘그당 북부의 견해를 다음과 같이 표현했습니다.

> 우리는 그것1850년 타협을 거부합니다. 우리는 그것을 저주합니다. 우리는 그것에 침을 뱉을 것입니다.[52]

결국 휘그당은 1850년 선거에서 지역적으로 철저하게 분리되어 12월에 있을 대통령 선거에서 스콧이 이길 확률은 거의 없었습니다.

이미 언급했던 것처럼 사실 민주당의 피어스는 '다크

52 Holt, *Franklin Pierce*, 45 재인용.

호스' 후보로 대부분의 유권자들에게 잘 알려지지 않은 상태에서 후보로 지명되었기 때문에 민주당의 선거 전략은 가능한 그를 알려지지 않은 상태로 유지하는 것이었습니다. 그의 보좌관들은 물론 민주당의 선거 전략가들은 피어스에게 노예제도와 같은 문제를 야기시킬 수 있는 결정적인 이슈에 대해서는 전혀 언급을 하지 말도록 요구했습니다. 다행히 당시 대통령 후보들은 오늘날과 같이 떠들썩한 선거운동을 하지 않았기 때문에 피어스 역시 그런 실수를 할 수 있는 기회가 적었습니다. 민주당과 피어스는 유권자들을 찾아가는 선거운동을 하지 않았습니다. 민주당은 기자들과 유권자들을 콩코드로 초대하여 피어스의 집 앞에서 후보와 직접 만나도록 했습니다. 후보자를 직접 만난 그들은 피어스의 쾌활한 성격과 잘생긴 외모에 깊은 인상을 받았고 특히 그들의 얼굴과 이름을 면밀히 기억하는 후보자의 능력에 큰 감동을 받았습니다.

여기에 더하여 민주당은 피어스와의 돈독한 관계를 적극적으로 부각시켰습니다. 민주당 후보로 대통령에 당선된 최초의 대통령은 앤드류 잭슨이었는데 그의 별명은 '늙은 히코리Old Hickory'였습니다. 앤드류 잭슨의 인기에 힘입은 테네시주 출신의 민주당 대통령으로 멕시코전쟁으로 미국의 영도를 대규모로 확장시킨 제임스 포크의 별명은 '젊은 히코리Young Hickory'였습니다. 이에 착안하여 민주당과 피어스의 선거운동원들은 피어스에게 화강암이 많은 뉴햄프셔주 출신임을 강조하여 '화강암 언덕의 젊은 히코리Young Hickory of the Granite Hills'라는 별명을 지어 주었습니다.

피어스의 선거 전략은 여기서 그치지 않았습니다. 피어스는 보든대학 동기로 유명한 작가가 되어 있는 친구 내서니엘 호손에게 선거운동을 위한 자신의 전기를 써달라고 부탁했습니다. 유명한 작가로 이름을 날리고 있었던 호손은 1850년에 불후의 명작 『주홍글씨』로 다시 한번 이름을 드높이고 있었기 때문에 그 당시 미국에서 가장 인기 있는 작가였습니다. 그의 전기는 대학에서 만난 피어스와의 우정에 관한 이야기로부터 시작하여 성실하고 진솔한 인간으로서의 피어스와 능력 있는 정치가로서의 피어스를 침이 마르게 칭찬하는 내용으로 가득했습니다. 호손은 물론 멕시코전쟁기에 쓴 피어스의 일기에서 발췌한 애국적이고 감동적인 내용을 전기에 실어 대통령 후보의 애국적 공훈을 유권자들에게 상기시켰습니다.[53]

민주당의 이러한 전략에 휘그당 역시 선거에서 가장 중

---

53 Nathaniel Hawthorn, *Life of Franklin Pierce*(New York: CreateSpace Independent Publishing Platform, 2017).

요한 문제인 노예제도 확산에 대한 문제를 옆으로 제쳐둔 채 상대당 후보 피어스에 관한 비난과 모욕으로 '네거티브nagative' 선거운동에만 집중했습니다. 휘그당은 피어스야말로 철저한 '도우페이스'라 칭하며 술과 관련한 소문을 들춰내 비난했으며 용감하고 뛰어난 스콧 장군의 경력에 비교하여 '졸도한 프랭크'를 부각시키는 그의 군 경력을 비웃었습니다. 더불어 휘그당은 증가한 가톨릭세력의 지지를 염두에 두고서 그동안 피어스 정부가 가톨릭 신도들은 공직을 맞지 못하도록 했다고 주장했습니다. 하지만 피어스에 관한 그 어떤 네거티브도 유권자들에게 먹히지 않았습니다. 펜실베이니아주의 한 휘그당 지지자는 "휘그당의 선거운동은 마치 시속 60마일로 부는 강풍과 맞서는 것과 같다"고 말했습니다.[54] 당시 한 언론은 휘그당의 선거운동을 보고 다음과 같이 썼습니다.

> 지금까지의 대통령 선거 중 가장 바보스럽고, 우스꽝스러우며, 흥미 없는 선거운동이다.[55]

---

[54] Holt, *Franklin Pierce*, 45 재인용.

[55] DiConsiglio, *Franklin Pierce*, 52 재인용.

결국 스콧은 선거운동이 진행되는 와중에 이 선거에서 가장 중요한 문제인 노예제도와 관련한 질문에 자신도 모르게 자신의 의견을 나타내는 대답을 해버리는 실수를 저질렀습니다. 도망노예법에 대한 견해를 묻자 후보 경선 때 휘그당 북부세력들의 지지를 받은 스콧은 다음과 같이 대답했습니다.

> 저는 그것도망노예법을 인정하지 않았습니다만 약간의 변화가 있기를 원합니다.[56]

스콧의 대답은 휘그당 남부세력들을 완전히 분노하게 만들었고 결국 그들의 선거 기권으로 인하여 스콧은 철저하게 패배했습니다.[57] 이 선거로 휘그당은 몰락의 길로 들어서게 되었습니다. 그동안 대체적으로 사회적 신분이나 정치적 이념에 따라 입당과 탈당이 정해지는 경향이 강했지만 1852년 선거 이후로는 지역을 기준으로 구분되었습니다. 휘그당은 물론이고 선거에서 승리한 민주당 역

---

56 DiConsiglio, *Franklin Pierce*, 52 재인용.

57 1852년 선거에서 앨라배마, 미시시피, 아칸소 등 이른바 최남부 지방에서 휘그당이 기권을 함으로써 선거의 결과는 피어스가 승리할 수밖에 없었습니다. 피어스가 승리한 다른 지역에서의 그의 승리 비율은 고작해야 50%를 넘지 않았는데 최남부 지방에서는 거의 65%를 넘고 있습니다.

시 커져 가는 지역갈등의 물결 속에서 안전하지 못할 운명이었습니다.

11월 선거에서 피어스는 스콧의 고향인 버지니아주에서도 승리를 이끌었습니다. 일반투표에서는 약 20만 표 차이밖에 나지 않았지만 선거인단 투표에서는 254표 대 42표로 피어스가 압도적으로 승리했습니다. 뿐만 아니라 민주당은 상하원 선거에서도 압도적으로 승리하여 약 61%로 다수당이 되었습니다. 48살에 대통령에 당선된 피어스는 당시까지 가장 젊은 대통령이었습니다. 하지만 피어스는 선거에서는 교묘하게 빠져 나갔을지라도 여전히 생생하게 살아 있는 노예제도문제로 인하여 두 동강이 날 정도로 골이 깊게 파이고 있는 나라와 불행의 연속인 가족사를 앞두고 새로운 도전을 맞이했습니다.

국민을 불행하게 만든
대통령들 10인 시리즈
프랭클린 피어스

04

민주당과 남부만의 대통령이 된 피어스

비극, 그리고 즐겁지 않은 취임식

아내 제인과 아들 베니가 원하지 않았지만 피어스는 미국 대통령에 당선되었습니다. 어쩔 수 없이 피어스 가족은 1853년 3월 대통령에 취임하기 위해 수도 워싱턴으로 이사를 가기로 결정했습니다. 당시 피어스 가족은 워싱턴 시내에 따로 집이 없었기 때문에 백악관에서 같이 생활하기로 결정했습니다.

취임식을 약 두 달 앞둔 1853년 1월 6일 피어스 가족에게 비극이 찾아왔습니다. 매사추세츠주 보스턴에서 치러진 삼촌의 장례식에 참가한 후 집으로 돌아오는 열차를 타고 막 앤도버역에 도착할 무렵 갑자기 열차가 탈선했습니다. 탈선한 열차가 피어스 가족을 선로 밖으로 내동댕이쳤습니다. 피어스와 제인은 멀쩡했지만 그들의 자부심이자 기쁨으로 유일하게 남아 있던 11살의 아들 베니는 그 자리에서 사망했습니다.

베니의 죽음은 제인을 거의 혼수상태에 빠지게 만들었습니다. 그녀는 3명의 아이를 낳았지만 3명 모두 어린 나이에 죽고 말았습니다. 이제 제인은 베니의 죽음은 남편이 약속을 어기고 선거를 한 것에 대한 징벌이라 믿게 되었습니다. 대통령 당선자 프랭클린 피어스 역시 아들의 죽음에 망연자실했고 아내 제인의 고통에 몹시도 가슴 아파했습니다. 3월에 피어스가 워싱턴에 도착했을 때 그는 이전과 전혀 다른 사람으로 보였습니다. 이전의 활발한 모습과 선거에서 이긴 여유 있는 정치가의 모습은 전혀 보이지 않았습니다. 그는 무엇인가를 주저하고 망설이며 스스로에게도 확신을 하지 못하는 사람으로 변해 있었습니다. 아내 제인은 여전히 고통 속을 헤매면서 공적인 장소에 전혀 나타나지 않았습니다.

대통령 피어스에게 불어닥친 비극의 소용돌이는 여기서 그치지 않았습니다. 오래 전부터 피어스는 절친한 친구이자 정치적 조력자로 선거에서 많은 도움을 준 찰스 애서튼을 뉴햄프셔주 연방 상원의원이 되도록 적극적으로 주선했습니다. 피어스와 같은 고향에서 같은 해에 태어난 애서튼은 뉴햄프셔주 의회 의원으로 연방 하원의원과 상원의원으로 일을 했습니다. 피어스가 정치를 떠나 있는 동안 애서튼은 정치현장에 대한 자질구레한 정보를 피어스에게 전달해 주는 역할을 했습니다. 사실 피어스는 애서튼 덕분에 뉴햄프셔주의 정치보스의 역할을 잘할 수 있었습니다. 대통령 피어스는 상원의원이 된 애서튼을 이용해서 연방 상원의 눈과 귀가 되도록 하고 자신이 제출한 행정부의 법안들이 쉽게 통과될 수 있도록 활용하고자 했던 것이었습니다. 그러나 상원의원에 당선되고 얼마 지나지 않아 애서튼이 갑자기 사망했고 피어스는 연방 상원에서 자신을 도와 줄 귀중한 동지를 상실하게 되었습니다.

피어스는 전혀 생각하지 못했던 또 다른 비극을 겪어야만 했습니다. 앨라배마 출신의 부통령 윌리엄 킹은 피어스가 겨우 7살에 불과했을 때부터 정치를 시작하여 연방 상하원의원과 외교관을 지낸 노련한 정치가로 제임스 뷰캐넌과 같은 민주당의 유력한 인사들과 매우 친밀한 사이였습니다. 1852년 선거에서 뷰캐넌의 적극적인 추천으로 부통령에 출마한 킹은 선거가 있기 얼마 전 갑자기 몸이 아파 치료를 위해 쿠바로 갔습니다. 선거가 끝나고 미국 부통령에 당선되었지만 킹은 여전히 몸이 아파 3월에 열린 취임식에도 참가하지 못했습니다. 특별조치를 통해 킹은 쿠바의 수도 아바나에서 부통령 취임선서를 했습니다. 몇 달 후 킹은 고향 앨라배마로 돌와왔지만 취임한 지 45일 만인 4월 18일에 사망했습니다. 때문에 피어스는 대통령 임기 내내 부통령이 없는 상태로 지냈습니다.

이러한 비극이 있었음에도 불구하고 피어스는 취임식이 있었던 3월 4일에 자신의 뛰어난 재능을 발휘했습니다. 뛰어난 기억력으로 미리 준비해 온 쪽지 하나 없이 무려 20분에 달하는 취임연설을 했던 것입니다.

그는 뉴잉글랜드지방의 유명한 철학자 랄프 왈도 에머슨의 유명한 에세이인 「젊은 미국Young America」에서 취임연설의 주제를 선택했습니다. 에머슨과 같이 피어스는 '젊은 미국'을 '늙은 유럽Old Europe'의 사고를 벗어던져 버리고 새로운 미국의 문화를 창조하는 국가로 보았습니다. 피어스는 미국 영토의 확장과 세계무대에서의 성장의 중요성을 강조했습니다. 피어스는 1850년 타협안에 대한 지지를 다시 한번 확인하면서 "노예제도를 놓고 지역적이고 야심적이고 광신적인 흥분을 제기하지 않을 것"을 다짐했습니다. 그리고 자신을 공격한 비극에 대한 슬픔을 솔직히 고백했습니다. "국민 여러분은 약점이 있는 저를 소환했습니다. 여러분의 힘으로 저를 지지해 주셔야만 합니다."[58]

---

58 Inaugural Address of Franklin Pierce(March 4, 1853).

압도적인 승리 속에 숨어 있는 내적갈등

앞에서 언급했듯이 1852년 선거는 뉴햄프셔주와 같은 주 차원뿐만 아니라 거의 전국적 차원에서의 휘그당의 완패로 끝이 났습니다. 휘그당이 생명을 다해 숨을 헐떡이는 데 비해 민주당은 압도적인 승리를 거두었습니다.

하지만 이러한 압도적인 승리가 결코 민주당에게 좋은 것만은 아니었습니다. 예리한 사람이라면 한 정당의 압도적인 승리는 정당의 분열 기회를 증가시킨다는 것을 즉시 알아차렸을 것입니다. 그도 그럴 것이 지난 11월 말에 북부 휘그당 계열의 신문기자 중 한 사람이 다음과 같은 논평을 내놓았습니다.

> 휘그당의 패배는 너무나 철저하고 상대당민주당의 승리는 너무나 완벽해서 아마도 피어스 장군은 당의 다양한 목소리와 이익집단들의 우애와 충성심을 계속 유지하기가 매우 어렵다는 것을 알게 될 것입니다. … 분명 피어스의 취임사는 물론 그의 내각 선택은 민주당의 한 세력과 또 다른 세력의

갈등과 분열을 운명적으로 자극하게 될 것입니다. 분명 민주당 내에서 조직적인 반대 기류가 있을 것입니다.[59]

테네시 주지사와 연방 하원의원을 지내고 있었던 앤드류 존슨Andrew Johnson도 이와 비슷한 느낌의 목소리를 냈습니다.

휘그당은 이제 민주당에게서 그들이 함께 뭉칠 수 있는 힘인 외적인 경쟁력과 압력을 빼앗겨 버린 채 역사 속으로 해체되어 가고 있습니다.[60]

휘그당 계열의 신문인 <롤리 레지스터Raleigh Register>는 이와 관련하여 다음과 같은 논평을 하고 있습니다.

한 정당이 전국적으로 압도적인 지지를 얻어 권력을 잡게 되었을 때 … 그 정당 내의 모든 파당들이 영원한 단결과 일치 속에서 가만히 앉아 있지 않을 것이며 그들이 일치단결하여 선출한 사람을 저주하게 되는 것은 당연한 일입니다. 파당

---

59 Holt, *Franklin Pierce*, 47 재인용.

60 Holt, *Franklin Pierce*, 47 재인용.

은 엄청난 잠재적 힘을 가지고 있습니다.[61]

프랭클린 피어스 역시 이러한 위협을 이해했습니다. 대통령이 된 피어스는 민주당 내에 있을 수 있는 분열의 잠재성을 두려워하기까지 했습니다. 그래서 피어스 대통령은 우선과제로 민주당이 전국적 차원의 단단한 통합을 유지하는 것으로 삼았습니다. 비록 민주당의 모든 세력들이 1852년 대통령 선거를 계기로 뭉쳤었지만 내부적으로 파당이 나뉠 수 있는 요소는 여전히 상존하고 있었습니다. 특히 북부지역에서는 민주당 소수세력들이 주 정부의 실재 권력을 잡기 위해 노예제도 반대를 기치로 내걸고 있는 자유토지당과 연합전선을 펼치고 있었습니다. 이들은 어쩔 수 없이 타협했던 지난 1850년 타협안을 반대하는 데 궁극적인 목적을 가지고 있었습니다. 반면 북부 민주당 다수세력은 1850년 타협안을 찬성하고 있었습니다. 북부와는 달리 남부지역에서는 민주당 다수세력들이 늘 그랬듯이 타협안이 남부의 권리를 팔아먹은 행위라 비난하며 강한 반대를 했습니다. 반면 소수세력들은 타협안을 강하게 찬성하고 있었습니다. 민주당 내의 이러한 내적 갈등은 남부지역 대부분에서 나타나는 현상이었으나 특

---

61 Holt, *Franklin Pierce*, 48 재인용.

히 조지아, 앨라배마, 미시시피 등의 최남부지방에서 뼈에 사무칠 정도로 격심했습니다. 물론 피어스에게 민주당 내 갈등의 최대 위험요소는 이미 보았듯이 1852년 선거에서 민주당 다수의 정치인들이 자신을 지지하지 않았다는 사실이었습니다. 그래서 피어스는 이러한 갈등 속에서도 그들을 달래야만 했던 것이었습니다. 피어스는 고향인 뉴햄프셔주에서는 강한 지지세력을 가지고 있었지만 전국적인 차원에서는 진정성을 가지고 자신을 지지해주는 세력이 많지 않았습니다.

대통령 피어스의 대책, 통일내각 구성

비록 자신은 철저한 민주당원이며 민주당에 의해 대통령이 되었지만 당내 확고한 지지세력이 턱없이 부족한 피어스는 통일내각 구성을 자신의 제1정책으로 삼았습니다. 국가를 책임지는 대통령으로서 마땅히 당면해야 할 과제

- 당파의 균형을 맞추는 것보다 국가가 노예제도를 둘러싸고 지역적으로 조각조각 분열되는 현상을 막는 막중한 과제를 잘 해결할 수 있는 사람을 고르는 일 - 를 위해 온몸을 불살라야 했음에도 불구하고 피어스는 단순히 자신을 대통령으로 만들어 준 민주당의 우위를 유지하는 데에만 골몰했습니다. 피어스는 이것이 민주당에 대한 자신의 충성도를 확인시키는 것이며 나아가 당내에서 자신의 부족한 입지를 강화시켜 주는 것이라 생각했습니다.

피어스는 통일내각을 구성하는 데 있어서 두 가지 원칙을 가지고 있었습니다. 하나는 지난 포커 대통령 때 내각에 참여했던 인물은 자신의 내각에 등용하지 않는다는 것이었습니다. 다른 하나는 뷰캐넌을 비롯한 여러 민주당원들의 충고에 반하여 민주당의 강령으로 확정한 1850년 타협안을 항상 지지하는 사람들이 아니라 전국을 아우르는 당의 인사들로 내각과 하부인사들을 구성한다는 것이었습니다. 민주당 대통령 후보 경선 과정에서 피어스에게 도움을 준 버지니아의 헨리 와이즈가 피어스의 인사원칙에 대해 알고 있는 뉴햄프셔주의 한 친구로부터 피어스의 의도를 알게 되었을 때 그는 다음과 같이 항의하며 말했습니다.

> 내가 솔직히 말하지만 만약 그가 그런 식의 멍청한 인사를 구성한다면 더이상 버지니아의 지지를 얻지 못할 것입니다.[62]

피어스는 인사에 대한 자신의 원칙을 실천하기가 어렵다는 것을 알고 있었습니다. 처음에 피어스는 미국 정치 세계에서 민주당이 우위를 확보하기 위한 지역적이고 당파적인 면을 고려하여 양극단에 있는 두 인사를 내각에 앉히기를 희망했습니다. 피어스는 북부 인사로 노예제도를 반대하는 측을 고려하여 1848년 자유토지당 뉴욕 주지사 후보였던 뉴욕의 존 딕스John A. Dix를 골랐습니다. 반면 남부 인사로 노예제도를 찬성하는 측을 고려하여 그동안 남부인의 권리를 강하게 찬성했던 버지니아의 연방 상원의원인 로버트 헌터Robert R. Hunter를 골랐습니다. 하지만 피어스는 조기에 희망을 접어야만 했습니다. 헌터는 상원을 떠나고 싶지 않아 했고 딕스의 경우 남부의 다수 민주당원들이 만약 그가 입각을 하게 될 경우 어떠한 대가를 치르더라도 막을 것이라 엄포를 놓았기 때문이었습니다. 피어스는 입각이 이루어지지 못한 딕스를 프랑스 주재 미

---

62 Holt, *Franklin Pierce*, 49 재인용.

국대사로 임명하고자 했지만 이 역시 수많은 남부인들의 반대로 좌절되었습니다.[63]

피어스는 첫 번째 인사 계획이 좌절된 후 자신이 반드시 성취하고자 했던 지역적, 당파적 균형을 이룰 수 있는 다른 두 사람을 선택하는 데 집중했습니다. 한 사람은 매사추세츠의 연방 하원의원 출신 칼렙 쿠싱으로 멕시코전쟁 당시 피어스와 친구가 되었으며 지난 선거에서 피어스를 크게 도왔습니다. 쿠싱은 집요하게 1850년 타협안을 찬성해 왔고 특히 1851년에 자유토지당원인 뉴욕의 찰스 섬너Charles Sumner를 연방 상원의원으로 선출하는 것을 격렬하게 막은 인물이었습니다. 한때는 휘그당 소속이었지만 멕시코전쟁과 매사추세츠주의 유력한 인물이었던 대니얼 웹스터가 죽은 이후부터 피어스와 절친한 친구가 되고 민주당으로 이적한 쿠싱을 피어스는 법무장관에 임명했습니다. 아직은 생명이 다하지 않은 휘그당 계열의 신문들은 쿠싱을 피어스 행정부의 '위대한 신Magnus Apollo'이라 비꼬는 논평을 내놓았습니다.[64] 북부지역을 대표하고

---

63 딕스는 노예제도를 반대하는 입장이 뚜렷했으나 민주당과 새롭게 형성된 공화당으로부터 크게 적대적인 인물로 취급받지 않았습니다. 그는 프랑스 주재 미국대사가 좌절된 후 새로운 철도회사의 회장직, 재무장관, 남북전쟁 시 장군, 뉴욕주지사 등을 역임했습니다.

64 Holt, *Franklin Pierce*, 49 재인용.

1850년 타협안을 찬성한 세력을 포용하는 의미로 쿠싱을 선택했다면 이를 상쇄하는 의미로 피어스는 자신과 오랜 친구 사이를 유지해 온 남부 미시시피주 출신의 제퍼슨 데이비스Jefferson Davis를 전쟁장관으로 임명했습니다. 데이비스는 상원에서 1850년 타협안의 반대를 이끈 대표주자로 1851년에 남부의 주권을 지키는 미시시피 주지사 후보였습니다.[65]

북부인들뿐만 아니라 남부인들 까지도 데이비스가 전쟁장관직을 잘 수행할 수 있을지 의심했지만 피어스에게 중요한 것은 국가와 국민을 우선으로 하는 대의의 실현이 아닌 민주당의 우위였습니다. 사실 제퍼슨 데이비스는 육군사관학교를 졸업하고 멕시코전쟁에 참가하는 등 군에서의 적지 않은 경험을 가지고 있었습니다. 하지만 피어스가 데이비스를 전쟁장관으로 임명한 이유는 그가 1850년 타협안을 반대하는 남부 주류 민주당세력을 대표하는 상징적인 인물이었기 때문이었습니다. 제퍼슨 데이비스는 멕시코전쟁 후 민주당원과 미시시피주 연방 상원의원으로 지내며 친남부적인 성향을 강하게 드러낸 인물이었습니다. 그는 1850년 타협안이 통과되었을 때 남부인의 권

---

65 제퍼슨 데이비스는 후에 남부연합의 대통령이 되었다가 연방군에게 패배 후 체포되어 사면되었습니다.

리를 위반한 것이라며 과감하게 연방 상원의원직을 사임하기까지 했습니다.

피어스는 쿠싱과 데이비스는 물론이고 다른 내각의 인사를 정할 때 역시 자신이 생각했던 내각 구성의 원칙 - 포커 내각에서 일을 한 사람은 제외하고, 뷰캐넌을 비롯한 다른 사람들의 의지를 반영하는 것 - 을 포기할 수 없었습니다. 하지만 피어스는 자신이 구성하고자 하는 지역적이고 당파적인 통일내각을 구성하기 위해서 자신이 생각했던 원칙을 버려야만 했습니다. 더더욱 아들 벤저민베니마저 죽은 후 모든 것이 혼란스러운 상태에서 뷰캐넌을 비롯한 다른 민주당원들의 의견을 수용하지 않을 수가 없었습니다. 그래서 피어스는 포커 행정부에서 전쟁장관을 지냈고 지난 선거에서 자신과 강력한 라이벌 관계에 있었던 뉴욕의 윌리엄 마시를 국무장관에 임명했습니다. 피어스는 처음에 노예제폐지론자인 존 딕스를 국무장관에 입각시키고자 했지만 남부의 적극적인 반대에 의해 좌절되었고 그 후 로버트 헌터를 선택했지만 이번에는 헌터 스스로가 반대하여 새로운 사람을 찾아야만 했습니다. 피어스는 결국 남부 민주당원들의 구미에 적합한 윌리엄 마시를 선택했는데 사실 마시는 남부인들이 반대한 존 딕스의 절친한 친구였습니다.

피어스는 다른 내각인사에서도 개개인의 능력과 자질보다 균형적인 내각을 구성하는 데 심혈을 기울였습니다. 그는 내무장관에 1850년 타협안을 적극적으로 찬성하는 미시간주의 로버트 매클랜드Robert McCleland를 임명했습니다. 반면 뷰캐넌의 요구에 따라 아일랜드계 가톨릭교도로 펜실베이니아주의 필라델피아 출신의 제임스 캠벨James Campbell을 우정장관에 임명했습니다. 캠벨은 미국에서 장관에 임명된 최초의 가톨릭교도로 1850년 타협안에 부정적인 시각을 가지고 있었습니다. 피어스는 지역적이고 당파적인 균형을 염두에 두고 내각을 구성한 나머지 캠벨의 입각에 대한 부작용을 생각하지 못했습니다. 당시 유럽 특히 아일랜드의 가톨릭교도들이 이민 와서 정착한 지역의 토착민들이 캠벨의 임명을 노골적으로 반대했습니다. 하지만 캠벨의 임명은 미국 정치사에서 전혀 생각하지 못했던 새로운 문제를 만들어 냈습니다. 사실 캠벨의 임명은 이민세력들과 가톨릭교도들의 권리 제한을 강하게 요구하는 새로운 정당의 출현을 가능하게 했습니다. 부지불식간에 탄생한 이 정당은 그 유명한 이름 - '불가지론당Know-Nothings' - 을 얻었습니다.[66] 이 정당은

---

66 19세기 중반에 아일랜드를 비롯한 유럽의 여러 지역에서는 감자가 중요한 식량이었습니다. 그러나 1845년을 시작으로 혹독한 날씨와 감자 무름병 등으로

민주당 내 실망한 세력들의 대안이 되었으며 휘그당의 몰락과 공화당의 탄생에 작은 파문을 불러일으키기도 했습니다.

피어스는 나머지 내각인사로는 자신의 대통령 당선에

감자 흉작이 약 7,8년 계속되었습니다. 당시 아일랜드에는 약 300만 명이 이상이 감자로 생활했는데 감자의 흉작으로 약 100만 명 정도가 사망했고 다른 100만 명 정도는 먹을 것을 찾아 미국으로 이동하였습니다.

미국으로 온 그들은 대도시에서 몹시 힘든 일을 했으며 새로운 운하와 철도를 건설하면서 미국 내에서 자리를 확보해 갔습니다. 하지만 이러한 아일랜드의 이민 물결은 미국 내에서 반발을 불러일으켰습니다. 노동자들은 아일랜드 인들이 토착 노동자들의 일자리를 뺏고 있다고 불평했습니다. 몇몇 정치 지도자들과 프로테스탄트 목사들은 새로운 이민세력들이 미국 정부와 사회를 유럽의 가톨릭 세력의 통제 아래 두려고 한다고 경고했습니다. 하지만 당시 대통령이 된 프랭클린 피어스는 당시의 반가톨릭적인 여론에 반대하여 아일랜드 출신의 제임스 캠벨을 자신의 내각인사로 임명했습니다. 이에 반이민세력과 반가톨릭을 주창하는 정치인들은 '미국당(American Party)'이라는 명확하지 않은 단체를 구성했습니다. 그들은 정부가 이민을 통제하고 미국 시민권(투표할 수 있는 권한)을 얻기 위해서는 미국에서 21년 동안 생활한 사람들에게만 이민을 허용하고 나아가 미국에서 태어난 사람에게만 선거에 의한 공직을 가질 수 있게 할 것을 요구했습니다. 이들은 주로 활동을 다른 사람들이 알지 못하도록 비밀리에 수행했고 자신들의 견해에 동의를 하는 주요 정당 후보들의 당선을 위해 노력했습니다. 미국당의 주요 인사들은 당의 운영에 관해서 아무 것도 말하지 않았습니다. 만약 다른 사람들이 그것에 대해 질문을 하면 그들은 '나는 모릅니다'라고만 대답했습니다. 그래서 당과 관련이 없는 사람들은 그들을 보고 '불가지론당'으로 불렀습니다.

1854년 중간선거에서 불가지론당은 매사추세츠주와 델라웨어주 등에서 그들 자신의 후보를 냈으며 사실상 몇몇의 의원을 당선시켰습니다. 이어 1856년 대통령 선거에서는 이전의 대통령으로 승격되었던 밀라드 필모어를 불가지론당의 대통령 후보로 내세웠습니다. 필모어는 일반투표에서 약 21%의 지지를 얻었지만 선거의 승리는 민주당의 뷰캐넌에게 돌아갔습니다. 1856년 이후 국가가 전쟁의 기운이 일면서 불가지론당은 그 힘을 잃었습니다.

기여한 사람들을 고려했습니다. 지난 민주당 전당대회의 경선 과정에서 자신의 승리에 결정적인 기여를 한 노스캐롤라이나 출신의 제임스 도빈James C. Dobbin을 해군장관에 임명했습니다. 피어스는 도빈을 1850년 타협안의 확고한 지지자로 알고 있었지만 사실 그는 노스캐롤라이나주의 민주당원들과 같이 타협안은 남부에 대한 모독행위라고 비난한 적이 있었습니다. 마지막으로 피어스는 켄터키 주의 제임스 거스리James Guthrie를 재무장관에 임명했습니다.

피어스의 내각인사들은 약간의 갈등은 있었지만 모두가 상원의 인준을 받았습니다. 피어스가 구성하고자 한 전국적인 차원의 균형 - 북부, 동부, 서부, 남부 - 이 이루어졌고 거의 모두가 충실한 민주당 인사들이었습니다. 이들은 대통령과 함께 4년의 임기를 다 채운 유일한 내각인사들이었습니다. 뿐만 아니라 이들은 19세기 동안 도덕적이고 가장 능력 있는 내각 구성원으로 평가받고 있습니다.[67]

피어스의 내각은 우수했지만 정작 그들의 보좌를 받은 대통령은 그렇지 못했습니다. 대통령으로서 국가발전과 국민행복 증진을 최고의 목표로 삼아야 했음에도 불구하

---

67 Holt, *Franklin Pierce*, 51-52.

고 피어스는 민주당의 절대적 우위만을 고집했습니다. 나아가 그는 민주당의 우위를 확보함으로써 자신의 부족한 당내 입지를 구축하고자 했습니다. 피어스는 북부의 뉴햄프셔 출신이었지만 민주당 내에서 압도적인 영향력을 발휘하고 있는 남부를 위해 헌신하는 대통령으로 전락해 버렸습니다. 그로 인해 벌어진 첫 번째 사건이 바로 자신의 오랜 친구이자 남부인들의 의견을 대변하고 있는 전쟁장관 제퍼슨 데이비스의 사적인 욕심이 작용한 사업인 '개즈던매입Gadsden Purchase'입니다.

개즈던매입

아들 베니의 죽음으로부터 그럭저럭 안정을 찾아 가고 힘겨운 내각 구성을 다 마친 피어스 대통령은 몇 년 전 전쟁으로 이제는 서남부 지역의 국경을 맞대고 있는 멕시코와 해결해야 할 까다로운 문제에 직면했습니다. 이 일은 단순하게 생각해 보면 발생하지 않았을 수도 있었던 일이었습니다. 당시 의회에서 논의되고 있었던 대륙횡단철도 노선은 누가 보아도 일리노이주의 시카고를 관통하는 것이 당연했지만 남부인들은 그 노선이 남부로 지나가기를 원했습니다. 남부지역의 철도건설업자의 사심과 또다시 첨예하게 대립하고 있었던 북부와 남부 간의 경쟁 등으로 인하여 남부 출신의 정치가들, 특히 미시시피 출신으로 피어스 내각에서 전쟁장관을 지내고 있었던 제퍼슨 데이비스는 대륙횡단철도 노선이 남부로 지나가기를 간절히 원했습니다. 데이비스는 절친한 관계를 내세워 피어스에게 이 문제를 적극적으로 로비했습니다.

1848년 2월 멕시코전쟁을 종결시킨 과달루페 이달고 조약은 멕시코와 이제는 미국의 영토가 된 뉴멕시코 준주 사이의 남서 사막지역을 가로지르는 국경선을 애매모호한 상태로 남겨 두었습니다. 논란이 되고 있는 이 땅은 길라강 남쪽에 있었습니다. 차츰 인구가 많아지고 있었던 뉴멕시코 거주자들이 이 지역을 위협해서 병합할 것을 주장했지만 멕시코 정부는 이를 강력하게 방어하겠다고 다짐했습니다.

당시 성장일로에 있었던 미국의 남부 철도업자들은 뉴멕시코 준주지역에서 잘만 하면 엄청난 돈을 벌 수 있을 뿐만 아니라 남부인들에게도 너무나 좋은 기회라는 것을 알게 되었습니다. 철도업자들이 고용한 측량사들은 이 지역이 동부에서 텍사스주를 관통하여 남부 캘리포니아까지 연결하는 대륙횡단철도 노선 건설에 가장 적합하다고 주장했습니다. 그들은 만약 이 지역만 미국의 영토로 만들어 대륙횡단철도 노선을 건설한다면 가장 실용적인 길이 될 것이라고도 주장했습니다.

외국의 영토를 병합하거나 구입하는 문제는 정치적이고 군사적인 일임을 너무나 잘 알고 있었던 남부 철도업자들은 피어스 행정부를 이용하고자 했습니다. 마침 남부 철도회사 사장인 제임스 개즈던James Gadsden은 미시시피 출신의 전쟁장관인 제퍼슨 데이비스와 친구 사이였습

개즈던 매입

제임스 개즈던

니다. 자연적으로 개즈던이 데이비스에게 접근하여 로비를 했습니다. 개즈던으로부터 로비를 받은 데이비스는 만약 철도가 남부를 지나면 이는 남부인들에게 큰 이익이 될 것은 물론이고 향후 자신의 정치적 입지에도 큰 도움이 될 것이라 생각했습니다.

데이비스는 이 일을 강하게 밀어붙였습니다. 결국 자신의 전쟁장관이자 친구인 데이비스로부터 설득당한 대통령 피어스는 남부 철도회사 사장인 제임스 개즈던을 멕시코 주재 미국대사로 임명해 멕시코로부터 그 땅을 구입하는 일을 하도록 조치했습니다. 멕시코 대사로 임명된 개즈던은 멕시코 대통령인 안토니오 로페즈 산타안나Antonio Lopez de Santa Anna와 협상하여 그 땅을 구입할 수 있는 권한을 부여받았습니다. 결국 개즈던은 콜로라도강의 지류인 길라강 남쪽의 약 7만6천800제곱킬로미터의 거대한 땅을 단돈 1천500만 달러에 구입하기로 합의를 보고 귀국했습니다.

민주당을 너무나 사랑한 나머지 민주당이 국정운영의 우위에 있어야 한다고 믿는 정치인이었지만 프랭클린 피어스는 미국 전체를 대표하는 대통령이었습니다. 그럼에도 피어스는 온 힘을 쏟아 민주당과 남부에게만 유리하게 작용하도록 일을 처리했습니다. 남부와 북부가 첨예하게 대립하고 있는 데다가 휘그당과 민주당뿐만 아니라 새롭게 생겨난 자유토지당과 불가지론당까지 정체성의 혼란을 겪고 있는 현실에서 피어스는 민주당의 절대적 우위만을 고집했던 것입니다. 개즈던매입은 대통령 피어스의 편협한 국정운영의 대표적인 사례였고 이는 1820년 미주리타협 이후 잠재되어 있었던 남부와 북부의 갈등을 노골적으로 드러나게 한 사건이었습니다.

다른 나라의 땅을 매입하는 문제는 대통령, 남부, 그리고 민주당의 힘만으로는 불가능했습니다. 그것은 ⅔ 이상의 의회의 승인이 있어야 하기 때문에 개즈던 매입문제는 승인을 위해 연방 상원에 제출되었습니다. 미국 대통령 피어스와 멕시코 대통령 산타안나가 서명을 했음에도 불구하고 누가 보아도 이 매입은 대통령이 남부와 민주당을 위해서 발 벗고 나선 일로 보였습니다. 대부분의 의원들은 매입 영토의 크기와 조건여하튼 산타안나에게 돈을 준다는 것에 불만을 가지고 있었지만 그럼에도 남부 출신의 의원들은 궁극적인 반대를 하지 않았습니다.

반면 북부 출신의 상원의원들은 이 일은 남부의 친노예제도세력에게 주는 일종의 증정품a giveaway으로 보아 적극적인 반대를 했습니다. 북부 출신의 의원들은 대륙횡단철도가 남부가 아닌 북부에 노선이 놓이기를 원했습니다. 특히 일리노이주 상원의원으로 강력한 영향력을 가지고 있었던 스티픈 더글러스Stephen Douglas가 이 일에 관심을 가지고 있었습니다. 그와 그를 후원하고 있었던 철도업자 친구들은 더글러스의 고향인 시카고에서 출발하여 로키산맥을 가로질러 캘리포니아 새크라멘토로 연결되는 북부노선을 계획하고 있었습니다.[68] 전쟁장관 제퍼슨 데이비스의

---

[68] 1825년에 영국에서 시작되었던 철도는 영국보다 오히려 독일과 미국에서 그 화려한 전성기를 맞았습니다. 19세기 동안 영국은 변화를 거부하고 마부들을 보호한다는 미명아래 철도와 자동차에 속도를 제한하는 '적기조례(Locomotive Act)'를 제정하여 교통발전의 주도권을 독일과 미국에게 넘겨주었습니다. 특히 미국은 그동안 주로 마차가 다니는 '턴파이크(turnpike)'시대와 증기기관 배가 주로 다니는 '운하(canal)'시대를 거치고 난 후 1830년 이후로 철도가 기하급수적으로 발전했습니다. 멕시코전쟁 이후 대륙이 미국 영토로 편입되고 난 후 1850년대 경에는 대륙횡단철도에 대한 논의가 활발하게 전개되고 있었습니다.

적극적인 노력과 남부 철도업자들의 로비는 물론 대통령 피어스의 은근한 후원에도 불구하고 게즈던매입 1854년 4월 17일 승인을 위한 투표에서 상원의 ⅔에 3표가 모자

야심찬 철도업자들은 회사를 세워 농촌의 상품들과 승객들을 보다 안전하고 빠르게 수송할 수 있는 새로운 길을 계획하고 건설하고자 했습니다. 그런 과정에서 철도업자들은 지역과 주정부에서 토지는 물론이고 다른 이익이 되는 여러 가지 혜택을 얻곤 했습니다. 이제 미국이 대서양에서 태평양까지 뻗어나가는 대륙 국가가 되고 난 후 철도는 더욱 중요한 문제가 되었고 그것은 단순히 지역차원의 문제를 넘어 국가적인 차원의 일이 되었습니다. 논의되고 있었던 대륙횡단철도는 동부를 서부 캘리포니아와 오리건까지 연결해야만 했습니다. 당시 연방정부가 미시시피강과 태평양 사이에 있는 대부분의 당을 소유하고 있었기 때문에 철도업자들은 철도노선을 놓을 때 필요한 땅은 물론 다른 여러 가지의 보조를 요구했습니다.

그런데 먼저 해결해야만 하는 복잡하고 까다로운 문제가 남아 있었습니다. '미국 대륙 어느 지역을 관통하는 것이 최상의 길인가?'하는 문제였습니다. 남부 철도업자들과 남부 정치인들은 동부에서 텍사스주를 관통하고 그것이 남부 캘리포니아까지 연결되는 길을 원했습니다. 그들이 주장하기로 남부 노선은 북쪽과 달리 산이 높고 험하지 않기 때문에 건설비용이 적게 든다는 이유를 내세웠습니다. 이에 반해 북부인들과 북부 정치인들은 대륙횡단철도는 대평원 지역에 펼쳐져 있는 유망한 농업지역을 관통하는 북부노선을 원했습니다. 그들은 캘리포니아 북부지역에 이미 많은 주민들이 살고 있고 새로운 철도는 바로 이 지역으로 연결되어야 한다고 주장했습니다. 이러한 상황에서 대통령 피어스는 남부 편을 들어 제퍼슨 데이비스와 제임스 개즈던의 로비에 의해 개즈던 매입을 시도하게 되었던 것입니다.

논란 끝에 개즈던 매입은 상원을 통과했지만(1854. 4. 25) 1850년대 동안 철도노선을 어느 지역으로도 결정되지 못하고 있었습니다. 그러던 중 남부연합이 연방을 탈퇴하고 남북전쟁이 진행되고 있을 때인 1862년에 연방 의회는 대륙횡단철도의 노선을 북부로 결정하고 건설을 시작했습니다. 최초의 대륙회단철도는 1869년 5월 10일에 완공되었고 그 후 19세기 동안 게즈던매입으로 확보한 땅을 가로지르는 노선을 포함하여 몇 개의 노선이 더 건설되었습니다.

라는 27표 대 18표로 부결되었습니다.[69]

당시 북부 출신 의원들에게 영향력을 가지고 있었던 더글러스의 생각과 의지는 확고했습니다. 그는 만약 대통령이 개즈던 매입문제가 의회를 통과하기를 원한다면 이에 대한 대가로 북부 철도업자들을 도와줄 것에 동의를 해야만 한다고 주장했습니다. 더글러스는 북부 철도업자들을 도와줄 수 있는 계획네브래스카지역을 연방에 가입시키는 문제를 해결하는 일을 가지고 있었습니다. 만약 대통령이 자신의 계획을 지지한다면 자신도 역시 멕시코로부터 땅을 구입하는 문제에 동의를 할 것이라 말했습니다. 미국 전체를 대표하는 대통령은 일리노이주를 대표하는 한 의원의 협박조의 거래조건을 아무런 의심 없이 수용했습니다. 피어스는 남부를 대표하는 제퍼슨 데이비스와 북부를 대표하는 더글러스를 포용하여 민주당을 통합하기 위한 정책이었다고 주장했지만 기실은 대통령의 지나친 친남부성향 때문이었습니다. 피어스는 어떻게 해서라도 자신의 친구인 제퍼슨 데이비스의 바람을 들어주고 싶었던 것이었습니다. 결국 더글러스의 계획은 대통령의 동의로 성사되고 그 대가로 개즈던매입건도 의회를 통과했지만 이것을 시작으

---

69 https://en.wikipedia.org/wiki/Gadsden_Purchase (2018. 7. 27).

로 미국에는 거대한 폭풍이 일기 시작했으며 궁극적으로 피어스, 더글러스, 그리고 그토록 승승장구하기를 바랐던 민주당이 몰락하는 데 결정적인 계기가 되었습니다. 시간이 흘러 그것은 미국의 가장 큰 비극인 남북전쟁의 원인이 되었습니다.

격화되어 가는 노예제도

대통령 프랭클린 피어스는 이 나라가 노예제도를 둘러싼 논쟁을 수면 아래로 가라앉히고 다른 문제에 집중할 수 있기를 간절히 바랐습니다. 하지만 피어스의 바람은 북부와 남부의 주장을 공평하게 반영한 것이 아니라 일방적인 친남부성향을 반영하고 있는 것이었습니다. 따라서 노예제도에 관한 논쟁은 진정되기는커녕 시간이 지나면서 더더욱 맹렬해져만 갔습니다. 대통령이 관여한 거의 모든 일들은 상대와 라이벌 관계를 형성시켜 남부와 북부 사이의 적대감을 촉진시키는 역할을 했습니다.

북부에서 일어난 노예제폐지론자들의 운동은 시간이 갈수록 더욱 강화되었고 그만큼 힘을 얻어 갔습니다. 그들은 각종 연감과 잡지를 통해 사실에 입각한 증언을 실어 노예생활의 끔찍함을 알렸습니다. 그들의 운동은 1850년에 통과된 도망노예법의 시행에 대한 새로운 변화를 초래했습니다. 프랭클린 피어스가 대통령에 당선된 1852년에 해리엇 비처 스토Harriet Beecher Stowe[70]는 소설 『톰 아저씨의 오두막집』을 출판했습니다. 이 책은 비록 소설이었지만 당시 노예들의 생활을 너무나 리얼하게 표현

---

[70] 해리엇 비처 스토는 1811년 뉴잉글랜드 캘빈주의 목사 집안에서 태어나 신학교에서 고전과 수학, 언어, 문학 등을 공부했습니다. 그녀는 본래 이름이 해리엇 엘리자베스 비처(Harriet Elizabeth Beecher)였는데 신학교에서 홀아비인 캘빈 엘리스 스토(Calvin Allis Stowe)를 만나 1836년에 결혼하고 7명의 자녀를 두었습니다. 남편은 물론 그녀 자신도 철저한 노예제도 반대 입장을 견지하고 있었고 '지하철도'를 통해 도망가는 노예들을 정성껏 돌봐주고 후원했습니다. 그 후 남편이 메인주의 보든대학에서 교편을 잡게 되자 그녀 역시 자연적으로 이 대학에서 여러 활동을 했습니다.

그녀는 평상시 생각하고 고민했던 바를 사랑하던 아들 사무엘 찰스 스토우(Samuel Charles Stowe)의 사망 후 세상에 표출했습니다. 그녀는 1850년 3월 반노예제를 견지하는 주간지 <더 내셔널 이어라(*The National Era*)>의 편집자인 가말리엘 베일리(Gamaliel Bailey)에게 "이제는 때가 왔다고 생각합니다. 자유와 인류를 위한 말을 할 수 있는 여성은 물론 어린이도 말을 해야 합니다. 나는 글을 쓸 수 있는 모든 여성들이 침묵하지 않기를 바랍니다"라고 말하면서 노예제도의 문제점에 대해 침묵하지 않을 것이라 다짐했습니다. 1851년 6월에 그녀는 『톰 아저씨의 오두막집』을 그 주간지에 연재했다가 이듬해에 책을 출간했습니다.

하여 출간되자마자 대대적인 반향을 불러일으켰습니다. 이 책이 출판된 시기에 1850년 타협으로 도망노예법이 공공연하게 시행되고 있었다는 것을 이해할 필요가 있습니다. 그녀는 이 책에서 한 노예 가족이 각기 다른 노예 주인에게 팔려 헤어지는 고통을 표현했습니다. 또한 북부 지역으로 도망치는 과정에서 노예들이 겪어야만 했던 심장이 멎는 고통을 표현했습니다. 그녀는 악마와도 같은 주인인 시몬 리그리Simon Legree에게 죽임을 당하는 신앙심 깊은 기독교인인 늙은 노예 톰 아저씨가 주가 되는 다수의 노예 이야기를 너무도 현실감 넘치게 보여 주었습니다.

이 책은 출간된 1852년 한 해만 무려 30만 부가 팔려 나갔고 수많은 사람들에게 감동을 주어 노예제도를 혐오하게 만들었습니다. 심지어 노예제도를 정면으로 비판하는 이 책에 강한 반감을 가진 남부지역에서조차 크게 유행했습니다. 하지만 대부분의 남부인들은 이 책을 조롱하거나 저주했습니다. 남부에서 책이 판매되기는 했으나 그것은 읽기위한 것이 아니라 불태우기 위한 것이었습니다. 어쨌든 이 책은 여러 언어로 번역되어 1년 만에 무려 150만 부가 팔려 나갔습니다. 서점이나 물류시스템 같은 시설이 턱없이 부족했던 19세기 중반을 기준으로 볼 때 이 숫자는 가히 천문학적이라 할 수 있습니다.

해리엇 스토

톰 아저씨의 오두막집

이 책은 세계 여러 곳에서 연극으로도 공연되었고 어떤 곳에서는 '톰쇼Tom Show'라는 이름의 악극으로도 제작되었습니다. 백인에게 굽실대는 흑인을 경멸하는 '엉클톰'이라는 말이 생겨 날 정도였습니다. 책이 엄청나게 유행하여 스토 부인은 당대 최고의 여류작가라는 명성을 얻었지만 경제적 이득은 크게 보지 못했습니다. 아직 '지적재산권' 개념이 없어 여러 곳에서 해적판이 난무했기 때문이었습니다. 이 책은 미국 역사상 처음으로 백인들이 노예의 비참한 생활과 고통을 인식하도록 했다는 데 큰 의의가 있습니다. 하지만 노예제를 사회경제적 기반으로 삼고 있던 남부에서는 책과 작가에 대한 분노를 불러일으켰습니다. 남부에서 스토 부인은 '거짓말쟁이'나 '세상물정 모르는 숙맥' 정도로 치부되었으며 심지어 그녀의 집으로 복종을 거부한 노예의 잘린 귀가 전달되기까지 했습니다. 그럼에도 노예제도의 부당성과 비인간성에 대해 스토 부인이 만들어 낸 심리적 영향은 실로 엄청난 것이었습니다. 궁극적으로 이 책은 단순히 정치와 사회를 다루는 데 그친 것이 아니라 갈등이 첨예하게 대립되어 있던 미국 정치세계의 변화를 촉진시켰습니다. 남북전쟁이 한창일 때 스토 부인을 만난 링컨은 다음과 같이 말했습니다.

이렇게 작은 여인인 당신이 그토록 큰 전쟁이 일어나도록 만든 책을 썼단 말입니까.[71]

이 책이 한창 유행할 당시는 피어스가 대통령으로 있을 때였고 노예제도를 찬성하는 지역과 노예제도를 반대하는 지역으로 쪼개어지고 있었습니다. 대통령과 이름을 빛낸 여러 정치리더들이 있었지만 그들 역시 갈등을 멈추게 할 수가 없었습니다. 그들은 두 지역 사이에 타협점은 없다고 보았습니다.

---

71 Kenneth C. Davis, *Don't Know Much About History: Everything You Need to Know About American History but Never Learned,* New York: Harper Paperbacks: Anv Rep editions, 2012, p.152 재인용.

국민을 불행하게 만든
대통령들 10인 시리즈
프랭클린 피어스

05

대통령의 결정적 실수

캔자스 네브래스카법

1854년 초에 스티픈 더글러스[72]가 대통령을 방문하여 하나의 계획을 제안했을 때 피어스는 상원을 통과하지

---

[72] 작은 키에 넓은 어깨와 이목을 끄는 얼굴을 가진 스티픈 더글러스는 사람들로부터 '작은 거인(Little Giant)'이라는 별명을 얻었습니다. 그는 언젠가 미국 대통령이 되기를 간절히 원했습니다. 하지만 궁극적으로 그는 스스로가 너무 똑똑한 나머지 자신의 큰 야망을 성취할 수가 없었습니다. 그가 주도한 캔자스 네브래스카법은 당시 너무나 인기가 없고 비난을 받아 자신이 속해 있는 민주당원들조차도 1856년에 그를 대통령 후보로 뽑기를 거부했습니다. 덩달아 당시 대통령이었던 프랭클린 피어스 역시 캔자스 네브래스카법과 관련하여 더글러스와의 거래로 인하여 그 역시 대통령 후보로 선발되지 않았습니다.

1858년에 더글러스는 떠오르는 신예스타 변호사 출신인 공화당의 에이브러햄 링컨과 일리노이 주 연방 상원의원 자리를 놓고 경쟁했습니다. 우연히 가지게 된 여러 차례(총 7회)의 공개논쟁에서 링컨과 더글러스는 노예제도를 둘러싼 여러 문제를 두고 논쟁을 했습니다. 여기에서 더글러스는 준주에서 노예제도를 허용하더라도 남부를 연방에 남아 있도록 해야 한다고 주장했습니다. 반면 링컨은 남부가 어떤 입장이건 간에 노예제도의 확산은 막아야만 한다고 주장했습니다. 링컨의 지지자들은 그가 논쟁에서 이겼다고 생각했지만 상원의원 선거에서는 더글러스가 승리했습니다.

1860년 대통령 선거에서 더글러스는 드디어 민주당 후보가 되었습니다. 하지만 이때는 너무 늦었습니다. 남부 민주당원들이 더글러스를 지지하기를 거부하고 그들 자신의 후보자를 냈습니다. 당이 크게 분열된 상태에서 더글러스는 공화당 후보인 링컨에게 패배했습니다. 그 후 남부주들이 연방을 탈퇴하기 시작했고 남북전쟁이 일어났습니다. 더글러스는 대통령 링컨을 지지한다고 선언했고 "모든 미국인이 이 나라의 깃발 아래 뭉칠 것"을 권고했습니다. 하지만 두 달 후 그는 48세의 나이에 열병이 걸려 사망했습니다.

않았던 개즈던 매입문제가 의회를 통과하기를 간절히 원했습니다. 친구이자 전쟁장관인 제퍼슨 데이비스의 재촉이 피어스의 마음을 더욱 애타게 만들었습니다. 피어스는 개즈던매입을 통해 데이비스는 물론 남부 철도업자들을 도와주기를 원했습니다.

하지만 더글러스는 대륙횡단철도의 북부노선을 지지했습니다. 더글러스가 일리노이의 시카고를 지나는 북부노선을 원한 데는 자신의 고향이 일리노이주이기 때문도 있지만 그 역시 다른 철도업자들과 마찬가지로 개인적인 욕심이 크게 작용했습니다. 더글러스는 대륙횡단철도에 대한 논의가 시작된 1840년대 말과 1850년대 초에 시카고를 비롯한 일리노이의 여러 곳에다 상당량의 땅을 구입했으며 철도와 함께 발달할지도 모를 이웃 미시건주의 여러 도시에도 땅 투기를 했습니다. 더글러스는 대륙횡단철도가 지날 수 있는 땅의 가격이 1830년대에는 에이커 당 16센트였던 것이 1850년대 초에는 무려 13달러까지 상승해 있음을 잘 알고 있었습니다.[73] 만약 시카고를 통과하는 북부노선이 의회를 통과할 경우 더글러스의 재산은 어마어마하게 불어날 수 있었습니다. 물론 더글러스가 북

---

[73] Paul Calore, *The Cause of the Civil War*(North Carolina: McFarland & Company, 2008), 212 재인용.

부노선을 고집한 데는 북부 정치인으로써 국가적 이익을 고려한 면도 없지 않았습니다. 그는 상원에서 다음과 같이 말했습니다.

> 만약 철도를 통해 극서부Far West를 연결하고 두 대양이 아무런 방해 없이 연결되는 대륙 국가가 될 때 이 나라는 북부와 남부를 뛰어넘는 위대한 힘 - 성장하고 증가하고 확산되는 힘 - 을 가지게 될 것입니다. 그 힘은 대서부Great West로 알려진 지역을 확보하는 것입니다. 그렇게 되면 이 나라에는 큰 희망이 있습니다.[74]

더글러스는 대륙횡단철도에 자신의 욕망을 관철시켰으며 나아가 장차 대통령 선거에서 자신에게 유리하게 작용할 수 있도록 일을 계획하고 이를 법으로 제안했습니다. 그는 서부의 거대한 네브래스카 준주를 두 개의 지역 - 네브래스카, 캔자스 - 으로 나누어 주로 승격시키고자 했습니다. 그는 이 지역을 주로 만듦으로서 철도업자들이 땅을 비롯한 여러 가지 혜택을 얻게 만들고 아직도 이 지역에 살고 있는 다소 골치 아픈 인디언들을 제거할 수 있을 것이라 믿었습니다. 물론 그는 이를 통해 자신의 개인적 욕

---

74 Calore, *The Cause of the Civil War*, 212 재인용.

심도 달성할 수 있을 것이라 생각했습니다. 하지만 더글러스는 자신의 계획이 관철되기 위해서는 남부의 지지를 받아야 한다는 것을 알고 있었습니다. 네브래스카 준주지역은 1820년 미주리타협으로 정해진 북위 36도 30분 이북에 속해 있기 때문에 주로 승격된다면 반드시 자유주가 될 운명이었습니다. 그렇게 된다면 남부인들이 반대할 것이 분명했습니다. 반면 미주리타협의 노예제도 금지조항을 취소한다면 북부인들의 반발이 거세질 것이 분명했습니다. 딜레마에 빠진 더글러스는 남부와 북부 모두 큰 반대를 하지 않을 계획을 제안했습니다. 네브래스카 준주지역에는 노예제도 금지조항을 취소하되 지난 1850년 타협 때 유타주와 뉴멕시코주의 경우와 같이 '주민주권popular sovereignty'의 원리를 적용하자는 제안이었습니다. 즉 그 지역에 사는 주민들이 노예제도를 받아들일 것인가 받아들이지 않을 것인가를 주민투표를 통해 결정하자는 것이었습니다. 더글러스는 노예주인 미주리주가 인접해 있는 캔자스는 노예제도를 받아들일 것 같았고 네브래스카주는 반대할 것 같다고 생각했습니다.

더글러스의 제안이 공개되자 대통령 피어스는 그것이 엄청난 반대를 불러일으킬 것이라 생각했습니다. 아니나 다를까 당을 초월하여 민주당과 휘그당의 북부 의원들은 미주리타협의 노예제도 금지조항을 취소하는 그 어떤 법에도 투표를 하지 않을 것이라 다짐했습니다. 더더욱 오랫동안 지켜온 타협안을 무시하는 캔자스 네브래스카법에 대해 중도파들까지 합세해 반대했습니다. 더글러스 역시 자신의 제안에 큰 위협이 따를 것이라 생각했지만 그럼에도 그는 노예제도 반대하는 북부 출신 의원들에게 현재 노예주가 자유주보다 적다는 것을 지적하면서

> 만약 두 지역 - 캔자스와 네브래스카 - 이 모두 자유주가 된다면 남부주는 연방을 탈퇴할 가능성이 있고 그렇게 되면 이 나라는 두 개의 나라로 나누어질 것입니다.[75]

라고 설득했습니다. 하지만 더글러스는 자신이 제안한 법이 통과되리라 확신했습니다. 왜냐하면 더글러스는 대통령 피어스가 그토록 통과시키기를 원하는 개즈던매입 문제가 자신의 결정에 달려 있다는 것을 알고 있었습니다. 결국 대통령과 상원의원 사이에 모종의 거래가 이루어졌습니다. 1854년 1월 22일 일요일에 전쟁장관 제퍼슨 데이비스의 주선 아래 피어스와 더글러스가 백악관에서 만났습니다. 이 모임에는 피어스, 더글러스, 데이비스, 그

75 DiConsiglio, *Franklin Pierce*, 69.

리고 하원에서 강력한 영향력을 가지고 있는 켄터키주의 존 브레킨리지John Breckinridge와 'F거리의 타락한 인사들 F-Street Mess'이라 불리는 영향력 있는 민주당 출신의 남부 상원의원들인 미주리주의 데이비드 에치슨David R. Atchison, 버지니아주의 제임스 메이슨James M. Mason과 로버트 헌터 Robert M. T. Hunter, 그리고 사우스캐롤라이나주의 앤드류 버틀러Andrew P. Butler가 함께 참석했습니다. 2시간 이상이나 이어진 만남에서 피어스와 더글러스 사이에 거래가 이루어졌습니다. 대통령 피어스가 더글러스의 캔자스 네브래스카법을 찬성하게 되면 더글러스는 대통령이 원하는 개즈던 매입문제를 해결해 준다는 것이었습니다.[76]

미국 전체를 아울러야 할 대통령이 남부에게 훨씬 유리한 것으로 보이는 개즈던 매입문제와 캔자스 네브래스카법을 적극 찬성하게 되자 북부에 지역구를 둔 휘그당은 물론 민주당 인사들까지도 엄청난 분노를 표출했습니다. 개즈던 매입과 캔자스 네브래스카법에 대한 대통령 피어스의 공개적인 지지는 비단 정치인들뿐만 아니라 노예제폐지운동가들과 심지어 중도 입장에 있었던 사람들까지도 대통령과 더글러스에 대한 비난에 동참하게 만들었습니다. 특히 휘그

---

76 Calore, *The Cause of the Civil War*, 213-214 재정리.

당은 이 두 가지 문제를 두고 찬반으로 나누어져 완전히 해체되는 위기까지 맞았습니다. 남부 휘그당은 찬성을, 북부 휘그당은 반대를 주장했습니다. 시간이 흐르면서 민주당도 마찬가지였습니다. 민주당 남부는 찬성을 하고 민주당 북부는 반대를 하게 되어 당이 남과 북으로 완전히 분열되었습니다. 이제 미국의 정치는 정치이념에 의한 정당정치가 중심이 아니라 지역이기주의에 의한 지역주의정치로 바뀌게 되었습니다.

수많은 반대에도 불구하고 더글러스는 캔자스 네브래스카법에 대한 몇 차례의 수정을 거쳐 3월 4일 투표를 강행했습니다. 그는 F거리의 타락한 인사들을 중심으로 남부 출신의 의원들을 단속하고 나아가 휘그당과 몇몇 북부 출신의 의원들에게 연방을 보존하기 위한 최선의 길은 이 법이 통과되는 것이라 주장하였습니다. 결국 37표대 14표로 법이 통과되습니다.[77] 피어스는 5월 30일에 의회로부터 넘어온 캔자스 네브래스카법을 서명했습니다. 이제 반대로 더글러스가 대통령 피어스의 바람인 개즈던매입건을 적극 찬성하고 나섰고 결국 4월 25일 33표대 12

---

77 하지만 두 지역은 '유혈의 캔자스 사태'를 거치면서 이 법이 명시한대로 되지 않았습니다. 캔자스는 남북전쟁이 시작된 해인 1861년에 자유주로 연방에 가입했고 네브래스카는 1867년에 가서야 연방에 가입했습니다.

캔자스 네브래스카법

표로 통과시켰습니다.

캔자스 네브래스카법이 의회를 통과하기 이전에도 미국 정치사에 큰 반향을 불러일으키는 두 가지 사건이 발생했습니다. 이 두 사건 모두 남북전쟁 발생의 직간접적인 원인이 되는 것이었습니다. 하나는 다수의 북부 휘그당 의원들은 물론 민주당의 북부지역 의원들과 일반지지자들이 각각 자신들의 정당을 탈당하여 당시 새롭게 만들어지고 있었던 노예제도 확산에 반대하는 정당에 가입했습니다. 그 새로운 정당은 공화당Republican Party이라는 이름으로 등장했습니다. 공화당은 곧바로 휘그당을 대신하여 미국의 주요 정당으로 자리를 잡았습니다. 1854년 중간선거가 다가오자 불가지론당원들 대부분과 탈당한 민주당원들이 공화당에 입당하면서 당의 세력이 더욱 커져 갔습니다.

다른 하나는 여름과 가을이 지나면서 캔자스 네브래스카법이 북부지역에서 큰 비난을 받으면서 민주당의 지지 세력은 마치 눈 녹듯이 사라져 갔습니다. 11월에 치러진 선거 결과는 민주당에 대한 국민들의 분노가 어떠했는가를 잘 보여주었습니다. 민주당은 연방 하원에서 다수당의 지위를 상실했고 여러 지방선거에서도 철저한 패배를 했습니다.[78] 이와 같은 선거 결과로 피어스 행정부는 나머지 2년 동안 철저하게 불구상태가 된 것과 마찬가지였습니다.

---

78 1854년 이전에 연방 하원의 의석수는 민주당이 158석, 휘그당이 71석이었는데 1854년 선거 결과 민주당은 75석이 빠진 83석에 불과했으며, 휘그당은 54석, 불가지론당이 51석, 공화당이 31석을 차지했습니다. 이제 막 생겨난 공화당의 의석수는 31석에 불과했으나 휘그당과 불가지론당의 의석수를 합치면 민주당의 의석수를 훨씬 능가하고 있습니다.(https://en.wikipedia.org/wiki/United_States_House_of_Representatives_elections,_1854 (2018.8.6.).)

피를 흘리는 캔자스

네브래스카 준주의 남부지역인 캔자스의 상태는 악화일로에 있었습니다. 뉴잉글랜드지역의 노예제도 반대주의자들은 준주지역에서 노예제도에 찬성하는 헌법에 투표하는 것을 막기 위해 그곳으로 보낼 반노예제도 정착자들을 새롭게 조직했습니다. 반면 남부에서는 노예제도 찬성자들이 친노예제도 정착자들을 대거 캔자스로 보냈습니다. 노예제도 찬성자들은 특히 노예주로 이웃하고 있는 미주리주 거주자들로 하여금 주 경계선을 넘어 캔자스로 들어가 캔자스가 노예주가 될 것인지 자유주가 될 것인지 결정하는 주 헌법 제정을 위한 투표에 참여하도록 했습니다. 당시 캔자스에는 정당한 유권자들이 얼마나 많이 살고 있는지 아무도 몰랐기 때문에 누구라도 투표를 할 수가 있었습니다. 따라서 먼 뉴잉글랜드지역보다 가까운 미주리주에서 캔자스에 접근하기가 훨씬 유리했습니다.

헌법을 구성하고는 첫 번째 투표에서 자유주를 선호하는 유권자들은 이 투표가 철저히 조작되었다고 주장하면서 투표하기를 거부했습니다. 그럼에도 투표는 진행되었고 그 결과 노예제도 찬성주의자들이 승리를 했습니다. 투표 결과에 대한 노예제도 반대자들의 강한 항의에 따라 두 번째 투표를 했습니다. 캔자스는 단지 2천900여 명의 인구를 보유하고 있었음에도 불구하고 이번에는 미주리로부터 노예제도 찬성자들이 몰려와 무려 6천 명 이상이 투표에 참가했습니다. 이번에도 역시 친노예제 세력들이 승리했고 공개적으로 노예제도를 반대하면 누구든지 처벌을 할 수 있도록 하는 정부를 구성하기 시작했습니다. 이른바 '리컴턴헌법'이 그것입니다. 특히 미주리주에서 캔자스로 넘어오는 주 경계지역에서 노예제도를 찬성하는 '경계지역의 악당들Border Ruffians'이 만나는 사람들마다 노예주에 찬성하도록 투표를 강제했으며 노예제 반대자라면 살해할 것이라고 협박했습니다. 그럼에도 노예제도 반대주의자들은 투표가 잘못되었다고 주장하면서 토페카를 그들의 주 수도로 삼고 그들만의 헌법을 새롭게 만들었습니다. 두 세력은 자신들의 헌법을 정당한 헌법으로 승인해 줄 것을 연방정부에 신청했습니다. 이런 상황이라면 대통령으로서 두 세력의 자초지종을 물어보고 정당한 판단을 했어야 함에도 불구하고 피어스는 무조건 친노예제 헌법을 인정하면서 자유주 정부를 해체하도록 명령했습니다.

결국 캔자스에서 구성된 두 준주의 통제권을 위한 투쟁이 계속될수록 대화보다 폭력이 우선되었습니다. 양측의 사람들은 서로를 위협했고 서로의 헛간을 불태웠으며 서로의 집을 약탈했습니다. 단순히 정착과 농사짓기를 원했던 캔자스의 거주자들은 이도 저도 아닌 중간에 낀 입장이 되었지만 그들 역시 갈등의 소용돌이에 말려들어 가지 않을 수가 없었습니다. 1855년부터 1861년까지 크고 작은 사건으로 인해 양측에서 56명의 사람이 살해당하면서 그야말로 '피를 흘리는 캔자스Bleeding Kansas'가 되었습니다.[79] 이 사건은 사실상 남북전쟁의 전초전이 되었습니다. 노예주든 자유주든 문제가 속히 해결되기를 원했던 캔자스의 일반 정착자들의 주장은 물론 자유주 찬성자들의 목소리가 커져감에 따라 연방의회는 문제를 해결하기 위한 위원회를 만들어 캔자스를 방문하게 했습니다. 조사를 마친 위원회는 1856년 4월에 리컴턴에서 이루어진 투표는 부정과 사기가 가득했으므로 자유주 정부가 인정되어야 한다는 내용을 중심으로 권고안을 제출했습니다. 그럼에도 대통령 피어스는 조사 위원회의 공식적인 권고를

79 https://www.kshs.org/kansapedia/bleeding-kansas/15145 (2018. 8.7)

경계지역의 악당들

유혈의 캔자스

존 브라운

캔자스에서 벌어진 존 브라운의 폭동

일방적으로 무시해 버리고 자유주 정부를 '가짜Bogus'라고 주장하는 리컴턴 정부만을 인정했습니다.

캔자스의 여러 도시에서 이미 몇 차례에 걸친 양측 간의 살해사건이 있은 후 1856년 5월 21일 친노예제 정부가 구성한 무장대원들이 자유주의자들이 세운 도시로 그들의 활동의 중심지가 된 로렌스로 몰려갔습니다. 그곳에 도착한 무장대원들은 자유주의자들이 머물고 있는 호텔인 '자유주 호텔'을 불지르고 반노예제를 주창하고 있는 신문사 두 곳의 인쇄기를 파괴하면서 여러 시민들을 테러했습니다. 며칠 뒤인 5월 25일에 급진적인 노예제도 폐지론자인 존 브라운John Brown과 그를 따르는 몇 명의 자유주의자들이 포타와토미강가에서 5명의 노예제도 찬성주의자들을 칼로 난도질하여 살해했습니다.[80] 당시 유명한 신문기자였던 호레이스 그릴리는 <뉴욕 트리뷴>에서 이 끔찍한 사건을 '피를 흘리는 캔자스'라고 표현했습니다. 그릴리는 사건의 책임이 대통령인 피어스와 상원의원 더글러스에게 있다고 비판했습니다.[81]

폭력사태는 연방의회로 확대되어 갔습니다. 1856년 5월 철저한 노예제폐지론자인 매사추세츠주의 찰스 섬너Charles Sumner가 연방 상원에서 '캔자스를 파괴시키는 범죄행위The Crime Against Kansas'라는 제목으로 남부의 사우스캐

---

80 이때 살해당한 사람은 모두 노예제도 찬성주의자들로 제임스 도일(James P. Doyle), 윌리엄 도일(William Doyle), 드루리 도일(Drury Doyle), 알렌 윌킨슨(Allen Wilkinson), 윌리엄 셔먼(William Sherman)입니다.

81 DiConsiglio, *Franklin Pierce*, 75 재인용.

찰스 섬너

프레스톤 브룩스

브룩스의 섬너 공격

브룩스의 지팡이

롤라이나주 출신의 열렬한 노예제찬성론자인 앤드류 버틀러Andrew Butler[82]를 두고 다음과 같이 통렬히 비판했습니다.

> 그는 스스로가 기사도를 잘 알고 있는 기사라고 생각하고 있습니다. 물론 그는 기사의 맹세를 할 여인을 선택했습니다. 다른 사람에게는 정말 못생겼을지 몰라도 자신에게는 항상 사랑스럽게 보였던 것입니다. 비록 세상 사람들에게는 모두 더럽고 천하게 보이지만 자신에게는 순결하게 보였던 것입니다. 말하자면 그는 창녀노예제도를 안주인으로 모시는 돈키호테와 같습니다.[83]

이 발언에 버틀러의 조카이자 마찬가지로 열렬한 노예제찬성론자였던 사우스캐롤라이나주 연방 하원의원인 프레스톤 브룩스Preston Brooks는 몹시도 분노하였고 섬너를 공개적으로 징벌하고자 했습니다. 이 연설이 있고 이틀이 지난 후 브룩스는 상원에서 휴식을 취하고 있는 섬너에게

---

[82] 버틀러는 1854년 1월 22일 백악관에서 캔자스 네브래스카법의 통과를 위해 모인 F거리의 타락한 인사들 중 한 사람입니다.

[83] Charles Sumner, *Memoir and Letters of Charles Sumner: 1845-1860*(New York: Nabu Press, 2012), 446.

몰래 다가가 무거운 지팡이로 섬너의 어깨와 머리를 다짜고짜 내리쳤습니다.[84] 이 사건으로 섬너는 북부의 여러 곳에서 '남부의 야만성에 희생당한 위대한 순교자'로 칭송받았으며 남부에서는 브룩스가 영웅이 되었습니다. 남부 여러 곳에서 브룩스에게 '잘했어', '더 패줘'라는 문구가 달린 지팡이를 선물로 보내 왔습니다. 브룩스는 곧바로 하원을 사퇴했지만 다음 선거에서 다시 당선되어 연방하원으로 돌아왔습니다.[85]

7월이 되면서 캔자스의 폭력사태는 더욱 심각해져 갔고 많은 사람들이 캔자스의 질서를 회복하도록 연방군대를 파견할 것을 요청했습니다. 하지만 일촉즉발의 분위기 속에서 대통령 피어스는 시민들의 질서회복 요청을 일언지하에 거부하고 중립적인 입장에서 캔자스의 질서회복을 위해 힘쓰는 것이 아니라 자유주의자들을 분쇄하기 위한 조치만을 취했습니다. 7월 4일에 피어스는 500명의 연방군대를 파견해 자유주의자들의 정부가 있는 토페카에 배치하라는 명령을 내렸습니다. 부대를 이끈 섬너 대령Edwin V. Sumner은 토페카의 자유주 입법부를 해산하라고

---

84 섬너는 이때 입은 상처로 3년 동안 상원을 출석하지 못했습니다.

85 김형곤, 『미국 남북전쟁』 (파주: 살림, 2016), 24-25.

명령했습니다.[86] 나아가 피어스는 새로운 연방지사인 존 기어리John W. Geary를 파견하여 법과 질서를 회복하도록 했습니다. 일시적으로 질서가 회복되었지만 오래가지 못했습니다. 8월이 되자 수천 명의 노예제도 찬성주의자들이 캔자스로 몰려들어 자유주의자들을 공격했고 극단적 자유주의자인 존 브라운과 그를 추종하는 자유주의자들이 오타와사미에서 노예제찬성론자들을 공격했습니다. 캔자스에서 양측 간의 공격이 계속되는 가운데 대통령 피어스는 자신의 분신과도 같았던 민주당으로부터 버림을 받고 대통령직에서 물러났습니다.[87] 캔자스의 갈등은 여전했지만 결국 1859년 말 자유주 정부를 인정하기로 합의를 보면서 연방 가입을 신청했습니다. 시간이 지나 1861년에 남부주들이 연방을 탈퇴하고 난 후 캔자스는 연방에

---

86 Thomas. K. Kate, *General Edwin Vose Sumner, USA: A Civil War Biography*(New York: McFarland, 2013), 53, 에드윈 섬너는 찰스 섬너의 조카였는데 이때는 군인의 신분으로 명령에 의해 움직였지만 남북전쟁이 일어나고 북부 연방군 소장으로 많은 공을 세웠습니다.

87 민주당은 1856년 선거에서 현직이었던 피어스는 물론 강력한 후보였던 더글러스를 대통령 후보로 선정할 수 없었습니다. 왜냐하면 두 사람 모두 지난 캔자스 네브래스카법과 개즈던매입 건으로 각각 남과 북의 민주당 지지 세력으로부터 철저하게 배척되고 있었기 때문이었습니다. 그래서 민주당은 오랫동안 국외에 나가 있어서 국내의 복잡한 정치문제(노예제도 확대문제)와 다소 거리가 멀었던 제임스 뷰캐넌을 후보로 지명했습니다.

정식 가입을 허락받았습니다.

그토록 사랑했던 민주당으로부터 버림을 받은 가운데 대통령 임기가 끝나갈 무렵 피어스는 자신이 고향인 뉴햄프셔주에서도 철저하게 경멸당하고 있음을 알게 되었습니다. 뉴햄프셔주의 어느 판사는 피어스를 '인간의 마음속에 자리하고 있는 가장 사악한 마음을 가진 사람'이라고 평가했습니다. 당시 메인 주의 휘그당 출신 연방 상원의원인 하니발 햄린Hanibal Hamlin은 피어스를 다음과 같이 평가했습니다.

> 피어스는 아주 작고 보잘것없으며 형편없는 개에 불과합니다. 그는 자신은 물론이고 자신의 국가마저 파괴시키는 데 노력을 했을 뿐입니다.[88]

---

88 DiConsiglio, *Franklin Pierce*, 78 재인용.

국민을 불행하게 만든
대통령들 10인 시리즈
프랭클린 피어스

06

피어스의 대외정책

일본 개항

국내문제와는 달리 피어스 행정부가 그나마 선방한 분야는 국외문제였습니다. 피어스는 취임사에서 밝혔듯이 미국의 운명은 세계에서 미국의 영향력을 확대하는 것이라 믿었습니다. 심지어 국내적으로 노예제도 확대문제를 두고 논란이 커져 가는 가운데에서도 피어스와 그의 행정부는 국외문제를 역동적으로 추진했습니다. 하지만 이는 대통령 피어스의 능력이라기보다는 국무장관 윌리엄 마시의 추진력과 피어스가 대통령이 되었을 당시의 세계 외교전선[89]의 일반적인 분위기 때문이라고 보는 것 타당하리라 생각합니다.

1852년에 피어스가 대통령에 당선되었지만 아직 취임을 하지 않았을 때 당시 대통령이었던 밀라드 필모어는

---

89 19세기 중반의 세계사는 바야흐로 산업혁명의 선두국가들이 아시아와 아프리카를 주요 침략 대상으로 하는 제국주의 시대였습니다. 제국주의의 반열에 영국과 프랑스가 앞서고 있었고 미국 역시 멕시코전쟁을 통해 거의 대륙 국가로서의 면모를 갖춘 후 제국주의 반열에 편성하여 태평양으로의 진출을 시도하고 있었습니다.

메튜 페리Matthew Perry 제독이 지휘하는 한 탐험대를 일본으로 파견했습니다. 필모어는 페리 제독에게 일본이 미국과 통상관계를 맺을 수 있도록 개항을 요구하는 편지를 일본 천황에게 전달하도록 했습니다. 거의 200년 동안 일본은 자국민들이 일본을 떠나거나 외국인들이 방문을 하지 못하도록 하고 있었습니다.

해가 바뀌어 1853년 7월 페리 제독의 탐험대는 오늘날 도쿄 근처에 있는 에도항으로 입항했습니다. 일본인들은 난생 처음 본 페리 제독의 탐험대가 타고 온 증기기관의 함대를 보고 놀라움을 금치 못했습니다. 그 배는 연시 검은 연기를 내뿜으면서 거대한 구름을 만들어 내고 있었습니다. 증기기관의 배를 전혀 보지 못했던 일본인들은 처음에는 그 배가 화산과 같이 불을 뿜는 것이 아닌가 생각했습니다. 페리 제독은 배에서 내려 멋진 유니폼으로 갈아입고 군의 호위를 받으면서 일본 땅을 걸어가 천황과의 면담을 요청했습니다. 페리는 필모어 대통령의 편지는 전달했지만 일본인들은 어떠한 나라와도 통상관계를 맺기를 거부했습니다. 하는 수 없이 페리의 탐험대는 일본을 떠나 중국으로 향했습니다. 페리는 대통령 피어스에게 상황을 보고했고 그의 훈령을 기다리고 있었습니다.

1854년 2월 페리 제독은 다시 일본으로 항해해 갔습

페리 제독

흑선

니다. 하지만 이번에는 증기기관의 배만이 아니라 무장한 함대 7척과 함께 항해해 일본인들에게 강한 인상과 놀라움을 주었습니다. 3월에 군함에서 내린 페리 제독은 군악대에게 '미국 국가國歌, The Star-Spangled Banner'를 연주하게 했습니다. 제독은 일본인들을 놀라게 하고 강한 인상을 줄 목적으로 거대한 증기기관과 카메라 등의 최근에 만들어진 발명품들을 보여 주었습니다. 제독은 특히 일본인들을 놀라게 할 비장의 카드를 내놓았습니다. 그것은 멕시코 전쟁 당시 베라크루스항에서 사용한 큰 대포를 발사하는 미국 함대를 총천연색으로 만든 삽화가 들어 있는 책이었습니다. 이는 분명한 위협이었습니다. 필요하다면 미국의 함대는 일본의 여러 도시에 대포를 발사할 수 있다는 엄포였습니다.

두려움과 불신이 교차하는 가운데 몇 주간에 걸친 협상을 통해 일본은 마지못해 가나가와조약Treaty of Kanagawa, 神奈川에 서명을 했습니다. 이 조약에는 다음과 같은 주요 내용들이 포함되었습니다.

- 일본은 난파한 미국 배들의 선원은 누구라도 도움을 준다.
- 일본은 미국 증기기관 배가 항해를 하는 데 필요한 석탄을 공급할 수 있는 저장소를 세운다.

- 일본 법정에 미국 외교관을 파견할 수 있는 권리를 미국에게 준다.
- 지금부터 18개월 안에 위의 조약 내용을 비준한다.[90]

페리의 무력적인 '포함외교gunboat diplomacy'는 불평등조약이 분명했지만 일본의 거대한 변화의 시작을 알리는 계기가 되었습니다. 미국을 시작으로 다른 나라의 통상세력들이 일본과의 통상관계를 추구했고 일본은 세계를 향해 점차 통상개방을 하였던 것입니다.[91] 1856년 피어스 대통령의 국무장관인 윌리엄 마시는 일본에 특사를 파견해 정식으로 외교관계를 맺었습니다. 비록 강제적이었지만 일본의 통상개항은 근대화를 촉진시켰고 일본 역시 제국주의 국가의 반열에 오르도록 했습니다. 일본은 개항 후 불과 20년도 되지 않은 1875년에 쇄국을 하고 있는 조선을 개방시키기 위해 강화도로 증기기관 함대를 몰고 와 미국으로부터 배운 '포함외교'를 통해 조선을 개방시켰습니다.

---

90 https://en.wikipedia.org/wiki/Convention_of_Kanagawa (2018. 8.8).

91 일본은 1854년에 영국과, 1855년에 러시아와, 그리고 1858년에 프랑스와 통상관계를 맺고 항구를 개방했습니다.

가나가와조약 채결 준비

이와 같이 피어스의 여러 정책 중 오직 '일본 개항'만 이 남부와 북부가 서로를 의심의 눈초리로 보지 않아도 됐던 것이었습니다. 이미 살펴보았듯이 개즈던매입이나 캔자스 네브래스카법 그리고 이로 인하여 피를 흘리는 캔자스는 물론 아래에서 살펴볼 쿠바와 관련된 일 역시 남과 북의 불신과 분노를 점철시키는 결과를 초래했습니다. 이러한 불신과 분노가 미국 역사상 가장 불행한 '시민전쟁'의 불씨가 되었다는 점은 아무도 부인할 수 없을 것이라 생각합니다.

쿠바섬 구입 논란

피어스 대통령의 또 다른 외교정책 모험은 남부와 북부의 불신을 악화시키는 결과를 초래했을 뿐입니다. 1853년에 남부인들은 노골적으로 친남부성향을 보이고 있는 대통령 피어스와 그의 정부를 움직여 스페인으로부터 쿠바섬을 사들이도록 재촉했습니다. 플로리다로부터 단지 90마일약 145킬로미터 정도 떨어져 있는 이 섬은 카리브해지역으로 미국의 준주를 확대하는 핵심지역으로 여겨지고 있었습니다. 특히 담배, 커피, 사탕수수 등을 재배하는 플랜테이션 경제의 이익이 확인된 이후부터 쿠바섬은 노예제도의 확대를 위한 완벽한 장소로 여겨지고 있었습니다. 만약 쿠바섬이 새로운 주가 될 수 있다면 미주리타협으로 금지되어 있는 서부지역에서의 자유주와 균형을 맞출 수 있다는 이유에서 더욱 그러했습니다.

피어스는 이런 생각을 추진하는 데 적극적이었습니다. 당시 쿠바인들은 미국혁명과 프랑스혁명을 뒤이어 19세기 초중반에 확산된 남중아메리카의 스페인에 대한 일반적인 반란의 기류에 편성해 있었습니다. 쿠바인들은 하루 속히 스페인의 지배로부터 벗어나기를 원하고 있었고 당시 스페인은 유럽의 여러 다른 나라에게 적지 않은 빚을 지고 있었습니다. 여기에 더하여 미국상인들은 쿠바섬에서 고압적인 위치에 있는 스페인 관리들에게 큰 불만을 가지고 있었습니다. 이와 같이 노예제도를 확대하고자 하는 남부인들의 욕심, 쿠바인들의 혁명 가능성, 스페인의 빚더미, 그리고 미국 상인들의 불만 등의 다양한 요소가 쿠바섬을 사들이거나 병합하고자 하는 동기로 작용했습니다. 피어스는 남부 루이지애나 출신의 피에르 슐레Pierre Soule를 스페인 주재 미국 대사로 임명하면서 그에게 쿠바섬을 사들이는 데 들어갈 자금을 지불할 수 있는 권한을 부여했습니다. 슐레는 원래 프랑스 태생으로 뉴올리언스에서 영향력 있는 변호사로 활동하다 연방 상원의원이 되었습니다. 그는 일찍부터 쿠바섬을 미국의 영토로 합치는 데 - 돈으로 구입을 하든 군사적인 힘으로 병합을 하든 - 강력한 지지를 해오고 있었습니다.

스페인 궁정에서 슐레는 고압적인 자세로 당시 스페인 여왕인 이사벨라 2세를 불쾌하게 만들었고 스페인 정부 관리들을 분노하게 만들었습니다. 이에 슐레는 스페인 정부의 전복을 원하고 있었던 스페인 사람들을 은밀히 만났습니다. 슐레는 그들에게 1억 3천만 달러에 쿠바섬을 구입하겠다고 제안했지만 스페인 정부 사람들은 반란이 두려워 화를 내면서 식민지를 판매하는 일에 관심을 가지지 않았습니다.

1854년이 되어도 일의 진척이 없자 국무장관 마시는 슐레에게 당시 영국 주재 대사 제임스 뷰캐넌과 프랑스 주재 대사 존 메이슨John Mason을 만나 함께 그 일을 추진하라고 지시했습니다. 슐레는 그들과 오늘날 벨기에의 한 도시인 오스텐데에서 만나 협의를 했고 그 후에 오늘날 독일의 한 도시인 엑스라샤펠에서 만나 쿠바섬을 구입하는 일을 논의했습니다. 그들은 자신들의 '오스텐데 성명서 Ostend Manifesto'로 알려진 권고사항이 포함된 문서를 작성했습니다. 여기에서 그들은 미국은 쿠바섬을 사들이기 위한 모든 노력을 할 수 있으며 이는 두 나라 모두에게 큰 이익이 될 것이라 주장했습니다. 하지만 문서에서 그들은 만약 스페인이 쿠바섬을 팔기를 거부한다면 미국은 강제로 섬을 빼앗을 수 있다는 위협적인 내용으로 끝을 맺었습니다.[92]

대통령 피어스와 국무장관 마시는 이 성명서에 대해

---

[92] https://en.wikipedia.org/wiki/Ostend_Manifesto (2018.8.9.).

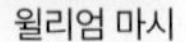

윌리엄 마시

피에르 슐레

크게 찬성했습니다. 하지만 민주당이 1854년 중간선거에서 철저하게 패배한 때에 이 문서가 미국에 도착했습니다. 문서의 일부가 언론에 공개되었을 때 내부분의 북부에서 폭풍과도 같은 비판여론이 들끓었습니다. 북부의 정치 지도자들은 이 일은 남부의 노예제도 지자들의 노예주를 확대하기 위한 또 하나의 음모라고 거센 비난을 했습니다. 어쩔 수 없이 피어스와 마시는 오스텐데 성명서를 거부할 수밖에 없었고 쿠바섬을 구입하고자 하는 더 이상의 노력을 포기할 수밖에 없었습니다. 곧바로 슐레는 스페인 대사직을 사임하고 루이지애나로 돌아 왔습니다.

쿠바섬 구입 논란은 피어스 행정부가 준주를 확대하고자했던 마지막 노력이었습니다. 1854년 중간선거에서 철

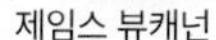

제임스 뷰캐넌

존 메이슨

저히 패배하여 정부운영의 동력을 잃은 상태에서 무리한 캔자스 네브래스카법의 추진으로 인한 캔자스의 연이은 폭력사태로 혼란이 거듭되는 가운데 피어스 행정부의 외교정책 모험은 사실상 불가능했습니다.

07

즐겁지 않은 백악관 생활과 1856년 선거, 그리고 은퇴

술에 의존하는 피어스

국내외적으로 많은 것들이 대통령에서서 등을 돌리자 피어스는 남은 백악관 생활이 더욱 즐겁지 않았습니다. 퍼스트레이디인 제인 피어스는 아들의 죽음으로 인한 슬픔에서 벗어나지 못해 공식적인 곳에 거의 나타나지 않고 있었습니다. 당시 백악관의 일들은 아주머니인 아비게일 민즈와 전쟁장관 제퍼슨 데이비스의 아내인 배리나 데이비스Varina Davis가 도맡아 하고 있었습니다. 어쩌다 퍼스트레이디가 공식적으로 나타났을 때 그녀는 '슬픔에 잠긴 얼굴, 움푹 팬 눈, 그리고 아이보리 색 피부를 한 마치 유령과도 같은 모습'이었습니다.[93]

대통령으로서의 할 수 있는 일이 거의 없는 가운데 아내 마저도 지지를 보내 주기는커녕 슬픔에 빠져 있었고 더더욱 정치 동료들과 지지자들이 거의 떠난 상태에서 피어스는 백악관에 남은 외로운 대통령이 될 수밖에 없었습

---

[93] DiConsiglio, *Franklin Pierce*, 85 재인용.

니다. 당시 백악관을 방문한 어떤 사람은 다음과 같이 말했습니다.

> 백악관에는 기쁨이란 전혀 없으며 음산하기까지 합니다.[94]

피어스는 외로움과 슬픔을 다시 술로 달랬습니다. 사실 프랭클린 피어스는 연방 하원의원과 상원의원으로 워싱턴에서 혼자 살 때 술로 인한 많은 문제점을 가지고 있었습니다. 앞에서 살펴보았듯이 민주당의 많은 정치적 동료들은 이때 술을 마시면서 알게 된 사이였습니다. 피어스는 상원의원직을 사퇴하고 고향 뉴햄프셔주로 돌아오면서 술을 끊고 술의 재조, 판매, 이용을 불법적인 것으로 만들고자 노력하는 아내 제인을 적극 지지했습니다. 하지만 대통령직을 떠나고 1863년 12월에 아내 제인이 사망을 하자 피어스는 술을 통제하지 못해 큰 어려움을 겪은 것으로 알려졌습니다.

그가 대통령직에 있을 때도 많은 술을 마셨는지는 분명치 않습니다. 확실히 알 수는 없지만 1854년 이전까지는 많은 술을 마신 것 같지는 않습니다. 그 이후 피어스는

---

94 DiConsiglio, *Franklin Pierce*, 86 재인용.

술독에 빠져 생활한 사람으로 알려졌습니다. 하지만 이러한 주장은 대부분 휘그당이나 공화당의 정적들로부터 나온 것에 불과합니다. 사실 피어스가 술독에 빠져 생활했다는 믿을 만한 기록은 없습니다.

1856년 선거

피어스의 평판은 캔자스 네브래스카법 통과 이후 추락하기 시작하여 대통령 선거가 있는 해인 1856년까지 지속되었습니다. 특히 캔자스에서 서로가 서로노예제도를 찬성하는 측과 반대하는 측를 약탈하고 죽이는 폭력사태가 계속되자 국가 최고 책임자로서 폭력사태를 종식시킬 수 있는 힘이 없다는 것이 드러나면서 더욱 그러했습니다. 하지만 대통령직 수행에 대한 의지와 욕망은 그대로 살아 있었습니다. 그는 민주당 지도부에게 자신이 11월 선거에서 재선 후보가 되기를 원한다고 알렸습니다.

대통령 후보를 지명하기 위한 전당대회에서 그가 당으로부터 지명을 받을 기회는 거의 없었습니다. 전당대회 전부터 민주당은 '피를 흘리는 캔자스'와 '쿠바섬을 획득하기 위한 음모'에 연루되어 있는 사람은 11월 선거에서 당선될 가능성이 거의 없다고 생각했습니다. 따라서 민주당은 현직인 피어스도 강력한 대통령 후보인 더글러스도 고려의 대상으로 삼지 않았습니다. 민주당은 그 대신 펜실베이니아주 연방 상원의원으로 피어스 대통령 당시 영국 주재 대사로 지내며 국내의 복잡한 문제노예제도를 둘러싼로부터 떨어져 있었던 제임스 뷰캐넌을 후보로 지명했습니다. 11월 선거에서 뷰캐넌은 이제 막 당을 꾸린 공화당의 존 프리몬트John Fremont와 불가지론당인 미국당American Party의 후보인 밀라드 필모어를 물리치고 대통령에 당선되었습니다. 당시 캔자스 네브래스카법을 둘러싸고 분리되어 있던 휘그당은 후보를 내지 못했으며 결국 당이 사라지고 공화당으로 흡수되었습니다.

프랭클린과 제인 피어스는 새해가 되자 피어스의 임기가 끝나기도 전에 조용히 백악관을 떠났습니다. 제인이 너무나 아파 하루라도 빨리 그녀가 달가워하지 않는 워싱턴을 떠나고 싶었습니다. 평화와 조화 속에서 연방이 유지되리라는 큰 희망을 안고 대통령에 당선된 피어스는 갈등과 대립만을 남기고 대통령직을 물러났습니다. 평화와 조화는 편협한 생각과 행동으로는 결코 달성할 수 없는 것이었습니다.

은퇴생활

피어스 부부는 백악관을 떠난 후 고향인 뉴햄프셔주로 돌아왔습니다. 그들은 얼마 있지 않아 카리브해로 갔는데 피어스는 그곳에서 아내 제인의 건강이 회복되기를 바랐습니다. 그녀는 천천히 진행되는 소모성 질병으로 당시로서는 치명적인 결핵 진단을 받았습니다.[95] 그들은 건강에 더 좋은 기후를 찾아 유럽으로 갔습니다.

---

95 19세기 중반은 물론 심지어 20세기 중반 페니실린이 일반화되기까지 결핵은 무서운 질병이었습니다. 당시 결핵을 치료하는 가장 좋은 방법은 그저 좋은 기후가 있는 곳을 찾아가는 것 이외는 특별한 방법이 없었습니다.

그러는 동안 대통령이 된 제임스 뷰캐넌은 폭력이 증가하는 가운데 미국이 남부와 북부로 나누어지는 것을 온몸으로 느꼈습니다. 캔자스에서 갈등과 폭력은 여전히 계속되고 있었습니다. 자신의 임기 때 시작되고 곧바로 다음 대통령인 제임스 뷰캐넌 때 대법원 결판이 난 '드레드 스콧 판결'은 남부와 북부의 갈등과 분노를 더욱 조장시켰습니다. 이제 의회는 정당의 논리로 운영되는 것이 아니라 지역주의가 우선하는 장소로 변질 되었습니다. 연방 하원은 공화당이 우세한 북부가 연방 상원은 민주당이 우세한 남부가 지배했습니다.[96]

갈등이 계속되는 가운데 1859년에 지난 1856년의 '피를 흘리는 캔자스' 사태 주인공으로 그동안 어디론가 사라졌던 존 브라운이 1859년에 다시 나타나 노예제도 폐지를 위한 십자군운동의 깃발을 꽂았습니다. 그는 뉴잉글랜드 지방의 노예제도 반대세력들의 도움으로 자금을 마련하여 버지니아의 어느 연방 무기고를 탈취한 뒤 노예들을 무장시켜 흑인공화국을 세우고 남부 노예주를 상대로 전쟁을 벌인다는 다소 황당한 계획을 세웠습니다. 무모했

---

96 1858년 중간선거의 결과는 연방 하원은 북부 공화당이 116석을 남부 민주당이 98석을 차지했습니다. 연방 상원은 북부 공화당이 15석을 남부 민주당이 34석을 차지했습니다.

지만 이 계획은 실천에 옮겨졌습니다.

이 소식이 전해지자 대통령 뷰캐넌은 그의 목에 250달러의 현상금을 내걸었습니다. 이에 브라운은 대통령의 목에 20달러 50센트의 현상금을 내걸었습니다. 브라운은 노예들을 모을 수 있는 유일한 사람은 당시 유명한 노예제도 폐지 운동가인 프레더릭 더글러스Frederick Douglass라고 생각하고 그에게 도움을 청했습니다. 하지만 프레더릭 더글러스는 연방 무기고를 공격한다는 브라운의 계획이 너무나 터무니없다고 생각했기 때문에 이에 반대했습니다. 비록 또 다른 유명한 노예제도 폐지 운동가인 헤리엇 터브먼은 동참했지만 브라운의 요구에 추종한 사람은 자신의 아들 3명을 포함하여 단 15명에 불과했습니다.

1859년 10월 16일 브라운 일당은 오늘날 웨스트버지니아 하퍼스페리에 있는 연방 무기고를 탈취했으나 곧바로 로버트 리Robert Lee 대령이 이끄는 민병대에 의해 사살되거나 체포되었습니다. 체포된 브라운은 교수형에 처해졌으며 남부는 그를 미치광이, 정신병자, 광신자, 열광자 등으로 불렀습니다. 이에 반해 북부는 그를 정의로운 운동의 위대한 순교자로 여겼습니다. 심지어 유명한 헨리 데이비드 소로Henry David Thoreau는 그를 "그리스도와 같은 인물"이라 말했고, 랠프 에머슨Ralph Emerson은 "브라운의 교수대

존 브라운의 사형

는 십자가 못지않은 영광을 누리게 될 것"이라고 말했습니다.[97] 이 사건은 남부와 북부를 더욱 갈라놓는 계기가 되었습니다.

존 브라운의 폭력이 북부에서는 물론 여러 유명한 사람들에 의해 찬양되는 것을 본 남부 사람들은 격앙하지 않을 수 없었습니다. 그들은 그동안 널리 알려지지는 않았지만 남부 백인들 사이에서 쉬쉬하면서 알고 있던 노예

---

97 케네스 데이비스, 이순호 옮김, 『미국에 대해 알아야 할 모든 것, 미국사』 (서울: 책과 함께, 2007), 258-260 재정리.

반란에 대한 두려움이 생생하게 되살아났습니다.[98] 그들이 가장 두려워한 노예반란은 냇 터너Nat Turner에 대한 기억이었습니다. 1831년 터너는 약 70명의 노예들을 이끌고 버지니아 사우스햄턴이라는 지역을 죽음과 공포의 도가니로 만들었습니다. 터너는 주인을 비롯한 약 50명의 백인들을 닥치는 대로 살해했습니다. 반란은 군대에 의해 쉽게 진압되었지만 노예반란에 대한 백인들의 공포심은 생생하게 남겨졌습니다. 브라운의 봉기로 노예반란에 대한 공포가 되살아난 남부인들은 북부인들이 노예들을 도와 남부의 생활방식을 완전히 파괴할지 모른다는 두려움에 휩싸였습니다. 그럼에도 불구하고 북부인들은 물론이고 남부인들 대부분이 남부의 연방 탈퇴는 단지 상대방

---

98 남부 백인들이 기억하는 주요 노예 폭등은 다음과 같습니다. 1739년 사우스캐롤라이나에서 제러마이어(Jeremiah)라는 노예가 다수의 노예들을 이끌고 25명의 백인들을 무자비하게 살해했습니다. 이들은 당국에 의해 곧바로 진압되었습니다. 또한 미국이 독립한 지 얼마 되지 않은 1791년부터 1803년까지 카리브 해의 산토도밍고에서 흑인 노예인 투생 루베르튀르(Toussaint Louverture)가 노예반란을 일으켜 약 6만 명을 살해하고 프랑스로부터 섬의 일부를 독립시켜 생도밍고라는 독립 공화국을 세우는 데 큰 도움을 주었습니다. 몇 번 실패를 했지만 1802년에 나폴레옹은 결국 섬을 탈환하고 투생을 사로잡았습니다. 투생은 이듬해 감옥에서 사망했습니다. 투생의 뒤를 이어 1804년 또 다른 흑인 노예인 장자크 드살린(Jean-Jacques Dessalines)이 노예들을 이끌고 프랑스로부터 독립운동을 벌여 아이티라는 공화국을 세우는 데 성공했습니다. 또 1800년에 당시 미국의 심장부라 할 수 있는 버지니아 리치먼드에서 가브리엘 프로서(Gabriel Prosser)가 수천 명의 노예들을 선동하여 폭동을 일으켰지만 군대에 의해 곧장 진압되었습니다.

을 겁주기 위한 엄포라는 생각했습니다. 폭력은 있지만 전쟁은 없을 것이라 여겼습니다.[99]

1860년이 되자 피어스 부부는 유럽을 떠나 뉴햄프셔주 콩코드로 돌아왔습니다. 그해 대통령 선거에서 스티픈 더글러스는 그토록 원하던 민주당 대통령 후보가 되었지만 너무 늦었습니다. 지난 캔자스 네브래스카법으로 입은 상처 때문에 민주당은 하나로 통일된 힘을 발휘할 수가 없었습니다. 더글러스가 남부의 주장에 동조했지만 그럼에도 민주당 남부세력들은 전당대회장을 빠져나가 그들만의 후보자인 켄터키의 존 브레킨리지를 대통령 호보로 지명했습니다. 민주당이 남과 북의 두 명의 후보로 나누어지자 공화당의 에이브러햄 링컨이 쉽게 당선되었습니다. 선거후 남부주들은 연방 탈퇴를 선언하고 전쟁 준비에 들어갔습니다. 전쟁의 검은 먹구름이 다가오고 있었습니다.

프랭클린 피어스는 전쟁을 막아 보고자 노력했지만 남부에 대한 일방적인 편들기에 지나지 않았기 때문에 오히려 검은 먹구름을 더 빨리 다가오게 만들었습니다. 1861년 암살의 위협 속에서 링컨이 취임식을 마치고 몇 주가 지나자 사우스캐롤라이나주의 찰스턴항구에 있는 섬터

99 김형곤, 『미국 남북전쟁』, 32-33.

요새에서 첫 번째 총성이 울렸습니다. 연방으로부터 탈퇴한 남부[100]는 미국 남부연합을 조직하고 플랭클린 피어스의 오랜 친구이자 그의 행정부에서 전쟁장관을 지낸 제퍼슨 데이비스를 대통령으로 선출했습니다. 전투가 시작되기 전에 데이비스는 피어스에게 다음과 같은 편지를 보냈습니다.

> 전쟁은 나에게 유일한 공포입니다. 그러나 앞으로 요구하는 환경이 무엇이든 그것은 나의 의무로 생각할 것입니다. 확신하건대 당신과 함께 일을 했던 것은 이미 지난 것이기 때문에 당신이 이전의 나와의 관계에 대해 부끄러워하거나 혹은 나와의 친구관계를 단절할 필요는 없습니다.[101]

전쟁 동안 피어스는 연방을 지지했지만 그럼에도 공개적으로 링컨 대통령의 행동을 비난했습니다. 피어스의 이런 태도 때문에 북부 연방의 대의大義에 헌신하고 있는 그의 여러 이웃들은 그와 대화하기를 꺼려했습니다. 1863

---

100 선거에서 링컨이 당선된 후 곧바로 사우스캐롤라이나주를 필두로 미시시피주, 플로리다주, 앨라배마주, 조지아주, 루이지애나주, 텍사스주가 먼저 탈퇴하여 남부연합을 구성했습니다. 이어 전쟁이 발발하고 난 후 다시 버지니아주, 아칸소주, 테네시주, 노스캐롤라이나주가 탈퇴하여 총 11개 주가 연방을 탈퇴했습니다.

101 DiConsiglio, *Franklin Pierce*, 90 재인용.

년에 연방군은 펜실베이니아주 게티즈버그와 미시시피주 빅스버그 전투에서 크게 승리를 했습니다. 이 두 승리는 지금까지 수세에 몰렸던 전쟁의 방향을 우세 쪽으로 바꾸었습니다. 그해 말에 아내 제인 피어스가 오랫동안 투병했던 결핵으로 사망했습니다. 그녀는 매사추세츠주 앤도버에 있는 친척 집에서 죽었는데 뉴햄프셔주 콩코드에 묻혔습니다.

1865년 4월 남부연합의 사령관 로버트 리가 연방군 사령관 그랜트U. Grant에게 항복함으로써 전쟁은 끝이 났습니다. 며칠 뒤 링컨 대통령이 암살되었습니다. 링컨이 암살되던 날 밤 여러 폭도들이 콩코드에 있는 프랭클린 피어스의 집으로 몰려들었습니다. 많은 사람들은 피어스가 캔자스 준주에 노예제도를 확대하고자 했던 것을 기억하고 있었습니다. 그들은 피어스가 친남부 비밀조직원이라는 소문도 듣고 있었습니다. 하지만 곧바로 피어스가 집 밖으로 나와 링컨의 암살에 대해 깊은 슬픔과 애도를 표했습니다. 군중들은 피어스의 솔직한 태도에 열기를 누그러뜨리고 집으로 돌아갔습니다.

그 후 4년 동안 피어스는 특별한 활동이 없었지만 아내가 없는 상태에서 늘 술과 함께 지냈다는 소문이 돌았습니다. 그는 1869년 10월 8일 자신의 65살 생일을 몇 주

앞두고 사망했습니다. 술이 그의 죽음에 기여하지 않았나 여겨지고 있습니다.

유산과 평가

사실 프랭클린 피어스는 성공적인 대통령이 되는 데 필요한 많은 재능과 능력을 가지고 있었습니다. 그는 잘생겼으며 연설도 잘했고 지능도 뛰어났습니다. 그는 뉴햄프셔주 의회에서도 정치가로서도 일면목을 보였습니다. 역사에 '막약'은 없지만 그럼에도 만약 그가 지역 간의 갈등이 첨예한 시기가 아닌 평화로운 시기에 대통령이 되었다면 피어스의 재능은 훨씬 빛을 발했을 것입니다.

하지만 피어스는 많은 면에서 불행했습니다. 선택은 수동적인 면도 능동적인 면도 있지만 언제나 책임은 자신에게 있는 것입니다. 어쨌든 그는 북부 사람임에도 불구하고 오랫동안 민주당과 남부에 헌신해 온 덕분에 권력의 사다다리에 오를 수 있었습니다. 민주당과 남부는 그가 국가를 발전시킬 수 있는 뚜렷한 철학이나 신념을 가졌거나 국가발전에 크게 이바지할 것 같아서 대통령으로 선출한 것이 아니었습니다. 그들은 단지 그가 고분고분하고 자신의 견해와 행동이 다른 사람들에게 많이 알려지지 않아 그만큼 정적이 많지 않다는 이유로 그를 대통령으로 만들었습니다.

피어스는 대통령에 당선되고 얼마 있지 않아 쓰라린 가족의 비극 - 자신의 유일한 아들의 죽음 - 을 겪었습니다. 이로 인해 아내는 물론 피어스 자신도 슬픔과 아픔으로부터 오랫동안 벗어나지 못했고 그만큼 우울한 생활을 보냈습니다.

무엇보다도 피어스는 이 나라 역사상 가장 큰 갈등과 불신이 팽배했던 시기에 대통령이 되었다는 사실입니다. 그런 시대를 인식한 그는 남부와 북부 사이에서 타협안을 찾으려고 노력했습니다. 하지만 그의 노력은 너무나 일방적이어서 상대방을 몹시도 분노케 했습니다. 다른 한편으로 그는 상대방북부의 분노가 두려워 그들과 적당히 타협했습니다. 그래서 그가 추구한 정책은 남부와 북부 모두를 화나게 만들었고 결국 그는 양측으로부터 비난을 받았습니다. 피어스는 대통령직을 마쳐 갈 무렵 지역 간의 차이가 너무나 커서 두 지역을 하나로 뭉칠 수 있는 가능성이 점점 없어져 간다고 생각했습니다. 피어스가 강한 대통령이었다면 어느 정도 성공적인 대통령이 되었을지도 모르지만 그는 강하지 않았습니다. 차라리 피어스는 대통령이 되기보다 그보다 훨씬 강한 제퍼슨 데이비스나 스티픈 더글러스 아래에서 일을 했어야만 하지 않았나 생각합니다.

대통령으로서 피어스의 평가는 우선 남북전쟁에서 승리한 노예제도를 없애기를 원하는 사람들에 의해 내려졌습니다. 전쟁 후 대부분의 역사가들은 그를 패자의 입장으로 보았습니다. 사실 피어스는 자신이 추구한 타협이 악한 노예제도를 계속 유지시키는 것을 지지했기 때문에 악당이 되었습니다. 이런 면에서 그가 혹시 강한 대통령이 되고 효과적인 대통령이 되었을지라도 후대의 역사가들이 그를 잘못되거나 실패한 대통령의 반열에 올린 것은 분명합니다.

후에 시어도어 루스벨트Theodore Roosevelt 대통령은 피어스에 대해 다음과 같이 평가했습니다.

그는 작은 정치인입니다. 그의 능력은 아주 보잘 것 없으며 그는 비천한 환경에 둘러싸여 있었던 정치인입니다. 그는 자신보다 강하고 능력 있는 사람들에게는 언제나 침묵하고 자신보다 약한 사람에게는 비열하게 구는 그런 사람입니다. 그는 노예제도를 찬성하는 사람들이 자신에게 어떤 일을 요구해도 그렇게 하도록 준비했습니다.[102]

해리 트루먼 역시 피어스에게 대한 혹평에 가세했습니다.

그는 백악관에 전시되어 있는 역대 대통령들의 사진 중 가장 세련되고 잘생긴 모습을 하고 있습니다. 그러나 그는 대통령이 어떤 미인대회에 나가면 승리할 수 있는 바로 그런 면만을 가지고 있을 뿐입니다. 그는 완전히 전형적인 실패작입니다. 그는 대통령으로서 국가의 일을 하는 데 무엇이 중요하고 어떤 일이 진행 중인지를 알지 못했습니다. 심지어 어느 순간 그것을 알았다 하더라도 그는 무엇을 해야 할지 몰랐습니다.[103]

---

102 William J. Ridings and Stuart B. McIver, *Rating the Presidents*, 김형곤 옮김, 『위대한 대통령 끔찍한 대통령』 (서울: 한언, 2000), 155.

103 김형곤 옮김, 『위대한 대통령 끔찍한 대통령』, 155.

나오며

프로크루스테스의 침대

캔자스 네브래스카법이 의회를 통과하자마자 미국 정치사에 큰 반향을 불러일으키는 두 가지 일이 발생했습니다. 이 두 가지 모두 남북전쟁 발생의 직간접적인 원인이 되는 것이었습니다.

하나는 미국 정치를 정당 중심에서 지역 중심으로 변화시킨 것입니다. 지난 사건들 - 윌멋 조항, 1850년 타협 등 - 에서부터 시작되었지만 휘그당은 물론이고 민주당까지도 당론보다 지역을 우선시하는 경향이 점점 강화되다가 이 법안의 통과이후 미국 정치세계는 남부와 북부로 완전히 분리되었습니다. 휘그당은 남부와 북부로 완전히 분리되어 전국 정당으로서의 생명을 다해갔습니다. 민주당 역시 휘그당 정도는 아니었지만 남부와 북부로 분리되는 경향이 뚜렷이 나타났습니다.

캔자스 네브래스카법의 결과로 연이어 일어난 '피의 캔

자스' 사건에도 불구하고 피어스는 오로지 친남부 정책에만 집중했습니다. 피어스에 대한 비난이 난무하는 가운데 1856년 선거에서 민주당은 그를 버리고 뷰캐넌을 중심으로 다시 뭉쳤습니다. 하지만 4년 후 민주당은 북부와 남부로 철저하게 분리되어 그토록 공을 들인 더글러스의 노력은 공화당의 에이브러햄 링컨에게 넘어갔습니다.

다른 하나는 미국 정치사의 새로운 주인공의 등장입니다. 링컨은 휘그당원으로 단 한 차례의 연방 하원의원1847-1849을 지내고 멕시코전쟁에 대한 강한 반대로 인해 선거에서 낙방하고 정치계를 떠나 있었습니다. 그러나 1854년 5월 캔자스 네브래스카법이 통과되자 링컨은 자신이 다시 정치를 시작해야 될 때라 생각했습니다. 링컨에게는 언젠가 사라져야 할 노예제도를 다시 부활시킨 부도덕하고 폭력적인 법으로 보였기 때문이었습니다. 링컨은 한 친구에게 '천둥과 벼락 같은 이법은 법도 아니고 폭력이며 폭력 속에 통과되었고 폭력 속에 유지되고 폭력 속에 집행되고 있다'고 편지를 썼습니다.[1] 링컨은 캔자스 네브래스카법을 비판하면서 정치를 재개하였고 노예제도 반대 당론을 가지고 있는 공화당에 입당해 활동했습니다.

---

1 Donald T. Philips, Lincoln on Leadership for Today(New York: Mariner Books, 2017), 53 재인용.

1860년 선거에서 링컨이 대통령에 당선되자 불안을 느낀 남부주가 연방을 탈퇴하면서 전쟁이 시작되었습니다.

프랭클린 피어스를 남북전쟁의 원인 제공자라 할 수 있을까요? 그렇습니다. 피어스는 미국 대통령으로 당선되었지만 사실 그는 남부만의 대통령이었고 민주당의 허수아비였습니다. 남부와 북부 사이에 긴장이 첨예하게 고조되는 시기에 능력과 자질이 턱없이 부족한 피어스가 미국 전체를 대표하는 대통령이 된 것은 미국 역사의 아이러니입니다. 국가 발전과 국민 행복을 위한 뚜렷한 목표나 비전이 없었기 때문인지 정치를 하는 동안 거의 아무 일도 하지 않은 그가 미국 역사에서 가장 중요한 법 중에 하나인 캔자스 네브래스카법을 통과시킨 것 또한 하나의 아이러니입니다.

국민들 간에 이념, 세력, 세대, 지역, 빈부, 종교, 도덕적 가치 등이 서로 다를 수 있습니다. 민주주의 사회에서 다양한 가치가 존재하는 것은 그 사회가 건강하다는 것을 반증합니다. 한 나라를 대표하는 대통령이 구조주의적 가치관을 가지고 '프로크루스테스Procrustes'[2]처럼 자신의

---

2 고대 그리스 신화속의 인물로 길가는 사람을 잡아다 자신의 침대에 눕힌 뒤 침대의 길이에 맞게 자르거나 늘여 죽이는 도둑을 말한다. 이는 독단과 자신의 기준만 고집하는 사람을 상징한다.

기순만 내세우게 되면 다양성은 곧 갈등과 비극이 되고 맙니다. 대통령이 자신을 대통령으로 만들어 준 세력의 말만 들으면서 다른 세력을 적敵으로 보게 되면 결국 전쟁에 상응하는 비극이 일어나고 말 것입니다. 남북전쟁은 프랭클린 피어스 대통령의 친남부와 친노예정책으로 인해 시작되었습니다. 특정 세력만을 대표하면 그는 더이상 대통령이 아닌 것입니다. 한 나라의 대통령에게 요구되는 최고의 자질은 균형 감각이라 생각합니다.[3]

---

3 '나오며' 부분은 김형곤, "남북전쟁의 원인 제공자: 대통령 프랭클린 피어스", 『세계역사와 문화연구』 제57집(2020. 12), pp.1-59의 결론부분을 수정 수록하였습니다.

참고문헌

- Fugitive Slave Acts, 1850.
- Inaugural Address of Franklin Pierce, March 4, 1853.
- New York Courier and Enquirer
- The Compromise of 1850.
- The Kansas-Nebraska Acts, 1854.
- The National Era
- The United States Presidential Election of 1848.

- Calore, Paul. The Cause of the Civil War. North Carolina: McFarland & Company, 2008.
- Davis, Kenneth C. Don't Know Much About History: Everything You Need to Know About American History but Never Learned. New York: Harper Paperbacks: Anv Rep editions, 2012.
- DeGregorio, William A. The Complete Book of U.S. Presidents. New York: Gramercy Books, 2001.
- DiConsiglio, John. Franklin Pierce. New York: Chlidren's Press, 2004.
- Hawthorn, Nathaniel. Life of Franklin Pierce. New York: CreateSpace Independent Publishing Platform, 2017.
- Kate, Thomas K. General Edwin Vose Sumner, USA: A Civil War Biography. New York: McFarland, 2013.
- Larson, Kate C. Bound For the Promised Land: Harriet Tubman, Portrait of an American Hero. New York: One World, 2004.

- Holt, Michael F. Holt. Franklin Pierce. New York: Times Books, 2010.
- Nichols, Roy Franklin. Franklin Pierce: Young Hickory of the Granite Hills. Philadelphia: University of Pennsylvania Press, 1993.
- Philips, Dinald T. Lincoln on Leadership for Today. New York: Mariner Books, 2017.
- Ridings, William J. Jr. and McIver, Stuart B. Rating the Presidents, 김형곤 옮김. 『위대한 대통령 끔찍한 대통령』. 서울: 한언, 2000.
- Sumner, Charles. Memoir and Letters of Charles Sumner: 1845-1860. New York: Nabu Press, 2012.
- 김형곤. 『미국 남북전쟁』. 파주: 살림, 2016.
- 김형곤. "남북전쟁의 원인 제공자: 대통령 프랭클린 피어스". 『세계역사와 문화연구』제57집, 2020.

- https://en.wikipedia.org/wiki/1852_Democratic_National_Convention (2018. 6. 20)
- https://en.wikipedia.org/wiki/Convention_of_Kanagawa (2018. 8.8).
- https://en.wikipedia.org/wiki/Gadsden_Purchase (2018. 7. 27).
- https://en.wikipedia.org/wiki/Ostend_Manifesto (2018.8.9.).
- https://en.wikipedia.org/wiki/United_States_House_of_Representatives_elections,_1854 (2018.8.6.).
- https://www.kshs.org/kansapedia/bleeding-kansas/15145 (2018. 8.7).

국민을 불행하게 만든
대통령들 10인 시리즈
프랭클린 피어스

국민을 불행하게 만든 대통령들 10인 시리즈

프랭클린 피어스

초판 1쇄 인쇄 2021년 8월 10일
초판 1쇄 발행 2021년 8월 16일

저　　자 김형곤
펴 낸 이 임순재
펴 낸 곳 (주)한올출판사
등　　록 제11-403호
주　　소 서울시 마포구 모래내로 83(성산동, 한올빌딩 3층)
전　　화 (02)376-4298(대표)
팩　　스 (02)302-8073
홈페이지 www.hanol.co.kr
e-메일 hanol@hanol.co.kr
ISBN **979-11-6647-116-2**

국민을 불행하게 만든
대통령들 10인 시리즈
프랭클린 피어스